Inter Mirifica

Coleção Revisitar o Concílio

Ad Gentes: texto e comentário
Estêvão Raschietti

Apostolicam Actuositatem: texto e comentário
Antonio José de Almeida

Dei Verbum
Geraldo Lopes

Gaudium et Spes: texto e comentário
Geraldo Lopes

Inter Mirifica: texto e comentário
Joana T. Puntel

Lumen Gentium: texto e comentário
Geraldo Lopes

Revisitar o Concílio Vaticano II
Dom Demétrio Valentini

Sacrosanctum Concilium: texto e comentário
Alberto Beckhäuser

Unitatis Redintegratio, Dignitatis Humanae, Nostra Aetate: textos e comentários
Elias Wolff

JOANA T. PUNTEL

Inter Mirifica
Texto e comentário

Dados Internacionais de Catalogação na Publicação (CIP)
(Câmara Brasileira do Livro, SP, Brasil)

Puntel, Joana T.
  Inter mirifica : texto e comentário / Joana T. Puntel. – São Paulo : Paulinas, 2012. – (Coleção revisitar o Concílio)

  ISBN 978-85-356-3138-8

  1. Comunicação - Aspectos religiosos - Cristianismo 2. Comunicação - Aspectos sociais 3. Igreja e comunicação de massa 4. Igreja e o mundo I. Título. II. Série.

12-04369   CDD-200

Índice para catálogo sistemático:
1. Igreja e sociedade : Comunicação : Cristianismo 200

1ª edição – 2012

Direção-geral:
Bernadete Boff

Editores responsáveis:
Vera Ivanise Bombonatto
Antonio Francisco Lelo

Copidesque:
Anoar Jarbas Provenzi

Coordenação de revisão:
Marina Mendonça

Revisão:
Ruth Mitzuie Kluska

Gerente de produção:
Felício Calegaro Neto

Assistente de arte:
Ana Karina Rodrigues Caetano

Projeto gráfico e capa:
Telma Custódio

Nenhuma parte desta obra poderá ser reproduzida ou transmitida por qualquer forma e/ou quaisquer meios (eletrônico ou mecânico, incluindo fotocópia e gravação) ou arquivada em qualquer sistema ou banco de dados sem permissão escrita da Editora. Direitos reservados.

Paulinas
Rua Dona Inácia Uchoa, 62
04110-020 – São Paulo – SP (Brasil)
Tel.: (11) 2125-3500
http://www.paulinas.org.br – editora@paulinas.com.br
Telemarketing e SAC: 0800-7010081

© Pia Sociedade Filhas de São Paulo – São Paulo, 2012

Sumário

1. Trajetória de pensamento 7
2. Comunicação: primeira vez em um concílio 11
3. Desdobramentos após o *Inter Mirifica* 15
4. O percurso da comunicação na missão da Igreja, de Medellín a Aparecida 31
5. E no Brasil... crescente fidelidade dinâmica 41

TEXTO E COMENTÁRIO

Proêmio 47

Capítulo I. Normas para o correto uso dos meios de comunicação social 51

Capítulo II. Os meios de comunicação social e o apostolado 68

Conclusão 82

Bibliografia consultada 86

1
Trajetória de pensamento

Passos que antecederam o *Inter Mirifica*

Referindo-nos ao decreto *Inter Mirifica*, sobre a comunicação social, e um dos 16 documentos do Concílio Vaticano II, aprovado no final da segunda sessão do Concílio (4 de dezembro de 1963), é de grande relevância percorrer brevemente a trajetória de pensamento da Igreja-comunicação ao longo dos séculos. A pesquisa nos revela que, nos 1.500 anos que separam os primórdios da Igreja da era de Gutenberg, Enrico Baragli[1] menciona 87 documentos oficiais. Esses visam a ditar normas para imperadores, reis, bispos e fiéis, a fim de orientá-los de como se posicionar frente aos escritos, livros e teatros.[2] Raramente a liberdade de pensamento e do direito de expressão estava presente.

É importante mencionar que a Igreja também produziu textos e livros; ocupou-se da difusão, em latim, da Escritura Sagrada, e também do pensamento de grandes

---

[1] Enrico Baragli, sacerdote jesuíta italiano, pesquisador e autor de vários livros, especialmente *Comunicazione, Comunione e Chiesa* (1973) e *L'Inter Mirifica* (1969), dos quais nos servimos para o presente trabalho. Fez parte da Comissão Preparatória para o Concílio sobre o tema da comunicação. Revelou em seus escritos muitos aspectos que compõem os contornos sofridos e conquistados para aprovação final do decreto *Inter Mirifica*.

[2] BARAGLI, Enrico. *Comunicazione, Comunione e Chiesa*. Roma: Studio Romano della Comunicazione Sociale, 1973. pp. 54-113.

doutores dos primeiros séculos, chamada a época da Patrística. Teve o grande mérito de copiar e preservar para a posteridade nas "bibliotecas" dos conventos e universidades numerosos clássicos da literatura greco-romana. A Igreja esteve atenta também quanto à publicação de livros que considerava heréticos, condenando ao fogo, de preferência em lugares públicos.

A atenção da Igreja volta-se para os meios de comunicação impressos, depois da introdução da imprensa. Em 1487, Inocêncio VIII publica o *Inter Multiplices*, no qual define o pensamento da Igreja sobre os meios de comunicação escritos e como abordá-los. O papa estava preocupado com a vida espiritual dos católicos e via no advento da imprensa uma nova tecnologia que poderia ameaçar o controle eclesiástico da produção cultural de seu tempo. Em 1766 o Papa Clemente XIII, referindo-se ao perigo das obras (impressas) de cunho anticristão, escreveu a encíclica *Christiane Reipublicae*, na qual essas obras eram condenadas e também eram reafirmados os deveres dos bispos em combater a literatura imoral.

Leão XIII, na passagem do século XIX para o século XX, teve uma abordagem que ia além das lamentações oficiais do passado. Ele enfatizou o fato de que era necessário opor "escrito a escrito", "publicação a publicação", e falou muitas vezes dessa postura aos bispos de diferentes regiões.

Nesse sentido, a Igreja Católica começou a proclamar a fé cristã através dos meios ao seu dispor, como vias alternativas para difundir sua missão.[3] A postura eclesial era a de usar as tecnologias dos meios de comunicação como um "campo de batalha". A Igreja raciocinou do seguinte modo: se a sociedade estava utilizando os meios

---

[3] MARQUES DE MELO. Igreja e Comunicação. In: SOARES, Ismar O.; PUNTEL, Joana T. (orgs.). *Comunicação, Igreja e Estado na América Latina*. São Paulo: UCBC-Paulinas, 1985, p. 62.

de comunicação social para difundir o mal, então a Igreja também deveria usar esses mesmos recursos para difundir a boa mensagem, de modo a combater esse mal.[4]

A Igreja teve sérias dificuldades em reconhecer os valores positivos nos meios de comunicação e em perceber suas potencialidades para atuar como instrumentos na defesa da dignidade dos seres humanos.

De qualquer maneira, apesar de sua forte atitude negativa, a Igreja começou, lenta e gradualmente, a *perceber a utilidade dos meios eletrônicos de comunicação*, na difusão de suas mensagens, e a servir-se deles. Durante o período de 1878 a 1939, a Igreja mostrou alguma flexibilidade em relação à imprensa e às novas tecnologias de comunicação, particularmente ao cinema e ao rádio,[5] mas ainda se movia com cautela. A evolução do cinema no início do século XX impressionou Pio XI, que se tornou pessoalmente interessado na recente invenção; essa nova tecnologia de comunicação levou-o a criar a Organização Católica Internacional para o Cinema (OCIC), em 1928.[6] Sua encíclica *Vilanti Cura* (1936), dirigida inicialmente à hierarquia eclesiástica dos Estados Unidos, menciona o poder e o potencial do cinema como tecnologia de comunicação. O documento faz alusão às experiências da "Legião da Decência", que tinha sido formada com a finalidade de combater a produção de filmes moralmente prejudiciais.[7]

---

[4] SPOLETINI, Benito. *A missão num mundo em mudança*. São Paulo: Paulinas, 1983. p. 144.

[5] Por exemplo, a rádio Vaticana foi fundada em fevereiro de 1931, sob o pontificado de Pio XI.

[6] Hoje OCIC e UNDA (para o Rádio) fundiram-se em uma só instituição chamada SIGNIS.

[7] Anteriormente a essa abordagem oficial, em *Vigilanti Cura*, Pio XI havia se referido ao cinema em várias ocasiões, especialmente em suas encíclicas *Divini Illius Magistri* (1929) e *Casti Conubi* (1930).

Realmente, alguns progressos já tinham sido alcançados em relação à atitude defensiva da Igreja, mas não havia ainda confiança plena no novo meio, nem mesmo uma tentativa de abordá-lo de maneira diferente e mais positiva.[8]

Passaram-se vários anos e houve muitas discussões para mudar as opiniões da Igreja sobre os meios de comunicação considerados simplesmente meios de difusão de mensagens negativas e "do mal". Foi somente com o Papa Pio XII (1939-1958) que a Igreja aprofundou e ampliou suas reflexões sobre as relações sociais dentro de uma sociedade democrática e sobre o papel da informação na constituição da opinião. De fato, o tema da opinião pública foi abordado em muitas palestras de Pio XII aos profissionais da comunicação. Convencido pela influência dos meios de comunicação de massa e por seu grande significado, Pio XII escreveu a proeminente encíclica *Miranda Prorsus* (segunda encíclica sobre a comunicação no século XX, 1957), sobre comunicação, destacando o cinema, o rádio e a televisão. O documento evidencia "grande capacidade de análise e uma postura positiva com relação aos meios eletrônicos, o seu potencial e as exigências pastorais que delas derivam"[9] (segundo alguns pesquisadores, é a primeira vez que a Igreja dá as boas-vindas aos meios de comunicação). Na verdade, é neste documento que vamos encontrar a gênese da *Pastoral da Comunicação* (já se fala na necessidade de formar os espectadores).[10]

---

[8] SPOLETINI, Benito. *A missão num mundo em mudança*. São Paulo: Paulinas, 1983. p. 144.

[9] DARIVA, Noemi (org.). *Comunicação Social na Igreja*; documentos fundamentais. São Paulo: Paulinas, 2003. p. 33.

[10] Durante o pontificado de Pio XII, houve 46 diferentes intervenções sobre o cinema, que mostravam o interesse crescente da Igreja pelo papel das ciências sociais, especialmente a sociologia e a psicologia, na interpretação dos fenômenos cinematográficos (BARAGLI, Enrico. *Comunicazione, Comunione e Chiesa*. Roma: Studio Romano della Comunicazione Sociale, 1973. p. 572).

2
Comunicação: primeira vez em um concílio

Inter Mirifica: aceitação oficial da igreja[1]

O decreto *Inter Mirifica* é o segundo dos dezesseis documentos publicados pelo Vaticano II. Aprovado a 4 de dezembro de 1963, assinala a primeira vez que um concílio geral da Igreja se volta para a questão da comunicação. Pela primeira vez, um documento universal da Igreja assegura a *obrigação* e o *direito* de ela utilizar os instrumentos de comunicação social. Além disso, o *Inter Mirifica* também apresenta a primeira orientação geral da Igreja para o clero e para os leigos sobre o emprego dos meios de comunicação social. Havia agora uma posição oficial da Igreja sobre o assunto.

Com a finalidade de demonstrar quanto e como o tema *comunicação* se posicionava naquele período histórico da Igreja, e qual era a sua compreensão sobre tal assunto, faz-se necessário observar que o decreto *Inter Mirifica* foi preparado antes da primeira sessão do Vaticano II pelo Secretariado Preparatório para a Imprensa e Espetáculos (novembro de 1960 a maio de 1962). O esboço do

---

[1] PUNTEL, Joana T. *A Igreja e a democratização da comunicação na América Latina.* São Paulo: Paulinas, 1994. pp. 53-62.

documento foi aprovado pela Comissão Preparatória Central do Concílio. Posteriormente, em novembro de 1962, o documento foi debatido na primeira sessão do concílio e o esquema, aprovado, mas o texto foi considerado muito vasto. A drástica redução do texto é permeada por profundas conotações e deixa margem para as mais variadas conclusões. O texto de 114 artigos foi reduzido para 24 artigos e submetido novamente à assembleia em novembro de 1963. A apuração dos votos registrou 1598 "sim" contra 503 "não". Entretanto, ao contrário de demonstrar que isto seria um "ganho folgado", é preciso relevar que o *Inter Mirifica* foi o documento do Vaticano II aprovado com o maior número de votos contrários.[2]

O alto nível de oposição ao decreto, segundo o estudioso Baragli, foi atribuído à publicação simultânea de várias críticas ao documento, feitas por jornalistas, algumas vezes teólogos, em diversos jornais influentes da Europa e dos Estados Unidos. Houve três correntes de crítica: uma francesa, outra americana e uma terceira alemã. A francesa se opunha ao esquema do decreto, alegando, em diferentes versões, que o esquema carecia de conteúdo teológico, de profundidade filosófica e de fundamento sociológico.[3] Naturalmente que, sempre que se perde de vista a interdisciplinaridade da comunicação, a tentação é compreendê-la ou reduzi-la de acordo com esta ou aquela disciplina. Também atualmente poder-se-ia aprofundar muito o diálogo entre comunicação e

---

[2] BARAGLI, Enrico. *L'Inter Mirifica*. Roma: Studio Romano della Comunicazione Sociale, 1969. Baragli foi um dos membros da Comissão Preparatória desse documento. Ver mais adiante as informações do pesquisador dominicano e estudioso da comunicação Romeu Dale, sobre as votações.

[3] Ibid., p. 144.

teologia, se trilharmos caminhos desprovidos de reduções e preconceitos.

A segunda corrente, americana, afirmava que o documento não haveria de trazer mudanças significativas, uma vez que o texto "não continha posições inovadoras". Dizia-se que o documento proclamava oficialmente "um conjunto de pontos previamente afirmados e pensados em nível mais informal".[4] A surpresa dos jornalistas americanos residia também e especialmente no artigo 12 do decreto, que trata da liberdade de imprensa.[5] Decididos a fazer com que o documento não fosse aprovado, os jornalistas americanos elaboraram um folheto mimeografado, no qual o esquema era julgado vago e trivial, falando de uma imprensa inexistente, vista apenas como uma exortação pastoral. Chegaram a alertar que o decreto, "assim como está agora" demonstrava à posteridade a incapacidade do Vaticano II de enfrentar os problemas do mundo atual.[6]

A oposição alemã, assinada por 97 padres de diferentes regiões, manifestou-se mediante uma carta dirigida à Décima Comissão Conciliar, responsável pela redação do documento, propondo um novo estudo e um novo esquema. O grupo alemão também lançou uma circular, que foi distribuída na Praça São Pedro momentos antes da sessão conciliar. A circular se caracterizava pelo pedido aos bispos para optar pelo *non placet* (não satisfaz) porque o esquema era indigno de figurar entre os decretos conciliares,

---

[4] Ibid.

[5] Para maiores informações sobre a presente questão, pode-se consultar a tese de doutorado de Joana T. Puntel, *A Igreja e a democratização da comunicação*.

[6] Mensagem dos jornalistas americanos distribuída na Praça São Pedro, a 16 de novembro de 1963, citada em BARAGLI, Enrico. *L'Inter Mirifica*. Roma: Studio Romano della Comunicazione Sociale, 1969. p. 168.

pois não refletia os anseios do povo e dos entendidos no assunto.

A manifestação pública dos jornalistas franceses, americanos e alemães teve forte influência sobre os bispos participantes do Vaticano II. Como mencionamos previamente, o *Inter Mirifica* foi aprovado com o maior número de votos negativos dado a um documento do Vaticano II.

Ainda que o texto original do *Inter Mirifica* tenha sido tão reduzido, o documento foi mais positivo e mais matizado do que os demais documentos pré-conciliares.[7]

---

[7] MILLS, John O. God, Man and Media: on a problem when theologians speak of the modern world. In: *Sociology and Theology*; aliance and conflict.

3
Desdobramentos após o *Inter Mirifica*

Nos passos do concílio

O próximo documento da Igreja sobre a Comunicação, nos passos do Concílio, foi a Instrução Pastoral *Communio et Progressio*, como resposta pastoral ao decreto *Inter Mirifica* (1963), promulgada pelo Papa Paulo VI em 1971. Trata-se de um documento pastoral e é considerado um dos textos mais positivos da Igreja sobre a comunicação social. O documento, marcado pela abertura que caracterizou os documentos do concílio, mas sobretudo pela evolução das mentalidades nos anos seguintes, desenvolve-se em 187 artigos e distingue-se do decreto *Inter Mirifica* particularmente por seu estilo não normativo, mas pastoral.

Naturalmente que o texto retoma as grandes convicções do *Inter Mirifica* em relação à mídia, completando-as e apresentando-as de uma forma mais coerente e compreensível. A instrução é relevante, ainda, pelo seu tom e pelo desenvolvimento dos caminhos segundo os quais a ação pastoral deve utilizar os meios de comunicação: a esperança e o otimismo são dominantes e o caráter moralizador e dogmático desaparece.

Sobressai no documento, como uma de suas características principais, o fato de que ausculta a sociedade contemporânea, levantando questões sobre a presença das tecnologias da comunicação no mundo circundante: "A Igreja deve saber como reagem nossos contemporâneos, católicos ou não, aos acontecimentos e correntes de pensamento atual" (CP 122). Uma terceira característica desse documento é que ele considera as peculiaridades de cada veículo de comunicação, inclusive o teatro. Leva em conta a situação psicossocial dos usuários na elaboração de projetos de comunicação para a Igreja, pois "todos esses fatores exigem, por parte da pastoral, uma atenta consideração" (CP 162) e o povo deve ser atendido por um "pessoal bem preparado" (CP 162). Finalmente, a *Communio et Progressio* ressalta que a comunicação social é um elemento que articula qualquer atividade da Igreja, reconhecendo a legitimidade da formação da opinião pública dentro dela.[1]

De 1971 a 1989 a Igreja, praticamente, silenciou em termos de documentos sobre a comunicação.[2] São 18 anos, numa época caracterizada por profundas transformações no campo midiático em que assistimos a passagem da era analógica para a era digital.

Em 1989[3] foi publicado *Pornografia e violência nos meios de comunicação*, como uma resposta pastoral aos crescentes desafios que se apresentam, ligados à questão da comunicação. Neste documento, são tratadas, de

---

[1] Para análise completa da Instrução Pastoral *Communio et Progressio*, pode-se consultar PUNTEL, Joana T. *Comunicação*; diálogo dos saberes na cultura midiática. 2. ed. São Paulo: Paulinas, 2011.

[2] É justo dizer, entretanto, que, anualmente, por ocasião do Dia Mundial das Comunicações, o Papa apresenta uma mensagem, de onde se pode, também, colher o pensamento do magistério sobre a comunicação.

[3] Também em 1989 foi publicado *Critérios de colaboração ecumênica e inter-religiosa no campo das comunicações sociais*.

maneira sistemática e extensa, a pornografia e a violência em todos os meios de comunicação, descrevendo os seus efeitos, as causas e as possíveis soluções.

Enfim, em 1992 veio a instrução pastoral *Aetatis Novae*, breve se comparada à *Communio et Progressio*, e que sintetiza aspectos e elementos fundamentais no campo da comunicação, fazendo emergir, sobretudo, a necessidade de uma pastoral, seja "da" como "na" comunicação. *Aetatis Novae*, à luz dos documentos precedentes, estimula, encoraja, apresenta princípios e perspectivas pastorais, planos para uma eficiente pastoral da comunicação.

O texto não apresenta uma fluidez como a primeira Instrução pastoral e muitas coisas parecem ser repetitivas ou simplesmente transcritas de documentos anteriores. Mas, além de trazer um anexo como subsídio para a Pastoral da Comunicação, esse documento dá uma atenção à pastoral com os profissionais dos meios de comunicação, que frequentemente são "expostos a pressões psicológicas e particulares dilemas éticos" (nn. 19, 29, 33).

Na trajetória da relação Igreja-comunicação, percebe-se que a Igreja demonstra uma progressiva preocupação com a questão ética nas comunicações. Assim, em 1997 o Pontifício Conselho para as Comunicações publica *Ética na publicidade* e, no ano 2000, publica *Ética nas comunicações sociais*. E, em 2002, publica *Igreja e internet* e, ao mesmo tempo, *Ética na internet*.

No documento *Igreja e internet*, a Igreja identifica a internet como *"o novo fórum para a evangelização"* e em *Ética na internet* afirma que "a internet é o mais recente, e sob muitos pontos de vista, o mais poderoso de uma série de instrumentos de comunicação [...]. Ela tem consequências enormes para os indivíduos, as nações e o mundo em geral" (n. 2).

3.1. Ética na internet: critérios para construir o bem comum

Publicado na mesma data de *Igreja e internet*, fevereiro de 2002, o documento está dividido em partes conteudísticas, que oferecem aspectos de relevância quanto à reflexão sobre os princípios éticos e sugestões para alcançar determinações, inclusive regulamentares, em vista do bem comum. Assim, temos a Introdução, Considerações sobre a internet, Algumas áreas de preocupação, Recomendações e Conclusão.

Perpassa todo o documento um estilo agradável e uma abordagem serena, isto é, o documento oferece o conteúdo e chama para a responsabilidade, mas não impõe os princípios. Há um senso muito grande de respeito à liberdade de decisão da pessoa. A Igreja cumpre seu dever de expor os princípios éticos, demonstra sua preocupação e incentiva o senso crítico e a criação de regulamentos que preservem a ética.

Já na Introdução, o documento afirma que "a mudança que se dá hoje nas comunicações implica, mais que uma simples revolução técnica, a transformação completa de tudo o que é necessário para compreender o mundo que a envolve e para verificar e expressar a sua percepção". Sem dúvida, hoje não se faz necessária "grande imaginação para vislumbrar a Terra como um globo interligado energicamente com as transmissões eletrônicas – um planeta em diálogo, aconchegado no silêncio providencial do espaço". A questão ética que se coloca, então, é "se a internet está contribuindo para um desenvolvimento humano autêntico e ajudando os indivíduos e os povos a corresponder à verdade do seu destino transcendente" (n. 1). A Igreja é clara em afirmar aquilo de que ela nunca pode abrir mão:

> Assim como acontece com os outros meios de comunicação, a pessoa e a comunidade dos indivíduos são centrais para uma avaliação ética da internet. Em relação à mensagem comunicada, ao processo de comunicação e às questões de estrutura e de sistema no campo das comunicações, "o princípio ético fundamental é este: a pessoa e a comunidade humanas são a finalidade e a medida do uso dos meios de comunicação social; a comunicação deveria fazer-se de pessoa a pessoa, para o desenvolvimento integral delas" (n. 3).

A Igreja não desconhece que os *new media* "são instrumentos poderosos para o enriquecimento educativo e cultural, para a atividade comercial e a participação política, para o diálogo e a compreensão interculturais". Portanto, eles "podem servir inclusivamente à causa da religião. Contudo, esta moeda tem também o seu reverso", diz o documento, pois os meios de comunicação podem ser utilizados para construir o bem das pessoas e das comunidades, mas, também, podem ser "usados inclusive para explorar, manipular, dominar e corromper" (n. 1). Mas a Igreja volta a insistir que em relação às mensagens veiculadas e ao processo de comunicação, como também às questões de estrutura e de sistema no campo das comunicações, "o princípio ético fundamental é este: a pessoa e a comunidade humanas são a finalidade e a medida do uso dos meios de comunicação social" (n. 3).

Mesmo ao referir-se à globalização, que as novas tecnologias de comunicação favorecem fortemente, é sempre o bem comum que a Igreja incentiva a buscar. Infelizmente, afirma o documento:

> Até agora os benefícios não têm sido equitativamente distribuídos. Alguns indivíduos, empresas comerciais e países tornaram-se enormemente ricos, enquanto outros foram deixados para trás. Nações inteiras chegaram a ser quase completamente excluídas do processo e impedidas de ocupar um lugar no mundo que está se formando. A globalização, que transformou de maneira profunda os sistemas econômicos ao criar inesperadas possibilidades de crescimento, também fez com que muitos permanecessem à margem do caminho: o desemprego nos países mais desenvolvidos e a miséria em muitas nações do hemisfério sul continuam a manter milhões de homens e mulheres longe do progresso e da felicidade (n. 4).

Num segundo momento, o documento discorre sobre a internet e, de modo geral, aponta uma série de características que este novo meio possui. Por exemplo, a internet "é instantânea, imediata, de alcance mundial, descentralizada, interativa, expansível até o infinito em termos de conteúdo e de alcance, flexível e adaptável a um nível surpreendente" (n. 7). Considera-se também que ela é igualitária, isto é, qualquer pessoa que dispuser de equipamento e de uma básica capacidade técnica "pode constituir uma presença ativa no espaço cibernético, transmitir a sua mensagem para o mundo e reivindicar um seu auditório". O documento releva, também, que a internet "permite às pessoas o luxo de permanecer no anonimato, de desempenhar uma determinada função, de devanear e também de formar uma comunidade com as outras pessoas e de nela participar". Pode prestar-se tanto à participação ativa como ao isolamento passivo num "mundo narcisista, que tem a si mesmo como ponto de referência, feito de estímulos cujos efeitos são semelhantes aos dos narcóticos" (n. 7).

A Igreja não desconhece que "paradoxalmente, as mesmas forças que contribuem para o melhoramento da comunicação podem levar, de igual modo, ao aumento do isolamento e à alienação" (n. 8). Sim, ela pode unir as pessoas, como também dividi-las, seja em nível individual como em grupos, separados por ideologias, políticas, raças, etnias, diferenças de geração e até mesmo de religião (n. 9).

Uma terceira consideração do documento versa sobre algumas áreas de preocupação, que ocupam os números 10 a 14 do texto. Quais seriam essas áreas apontadas pela Igreja, com respeito à ética?

Uma delas é a "divisão digital", que o documento afirma ser "uma forma de discriminação que separa os ricos dos pobres, tanto dentro das nações como entre elas mesmas, com base no acesso, ou na falta de acesso, às novas tecnologias de informação". A razão de tal preocupação por parte da Igreja é que, na medida em que a economia global avança, é preciso garantir "que neste processo vença a humanidade inteira e não apenas uma elite próspera que controla a ciência, a tecnologia, a comunicação e os recursos do planeta" (n. 10).

Outra área de preocupação está relacionada com as dimensões culturais. Isto porque "as novas tecnologias de informação e a internet transmitem e contribuem para formar uma série de valores culturais – modos de pensar acerca dos relacionamentos sociais, da família, da religião e das condições humanas" (n. 11). E isto, pode desafiar, como também ultrapassar as culturas tradicionais. É preciso dar atenção, diz o documento, ao domínio cultural;

pelo contrário, deve-se incentivar o diálogo entre as culturas e o respeito pelos valores e credos dos outros povos.

O problema da liberdade de expressão na internet é outra área de preocupação. Afirma o documento:

> Apoiamos de forma vigorosa a liberdade de expressão e o livre intercâmbio de ideias. A liberdade de procurar e de conhecer a verdade é um direito humano fundamental, e a liberdade de expressão constitui uma pedra angular da democracia [...]. E a opinião pública, uma expressão fundamental da natureza humana organizada em forma de sociedade, exige absolutamente a liberdade da expressão das ideias e dos sentimentos (n. 12).

O jornalismo *on-line* figura, também, entre a série de preocupações apontadas pelo documento. No novo contexto das tecnologias de comunicação, o jornalismo passa por profundas transformações. E a internet é um instrumento eficaz para transmitir as notícias e informações às pessoas. Mas "a concorrência econômica e a natureza de continuidade do jornalismo através da internet também contribuem para o sensacionalismo e a intriga, para a fusão de notícias, publicidades e divertimentos, bem como para o aparente declínio das reportagens e dos comentários sérios" (n. 13).

Além das preocupações já mencionadas, a partilha das ideias e das informações constituem uma ulterior série de preocupações geradas pelo liberalismo:

> A ideologia do liberalismo radical é tanto errônea quanto prejudicial – não em menor medida, quando visa tornar legítima a livre expressão ao serviço da verdade. O erro encontra-se na exaltação da liberdade *até o ponto de se tornar um absoluto, que seria a fonte dos valores* [...]. Deste modo, porém, a imprescindível exigência de

verdade desaparece em prol de um critério de sinceridade, de autenticidade, de "acordo consigo próprio". Neste modo de pensar não há espaço para a comunidade autêntica, o bem comum e a solidariedade (n. 14).

Concluindo, o documento enfatiza algumas recomendações, em termos de responsabilidade, que elencamos, sumariamente, a seguir:

- dos usuários da internet para um uso ponderado e disciplinado;
- dos pais na orientação dos filhos;
- da escola, formação para discernir o uso da internet como educação (incluindo não apenas a formação da capacidade técnica, introdução à informática [...], mas capacidade de avaliação do seu conteúdo).

Também alerta para a necessidade de uma regulamentação da internet que inclua:

- novos regulamentos; autorregulamentação; comissões de consulta sobre os meios de comunicação social; ação determinada nos campos particular e público, para pôr termo e eventualmente eliminar a divisão digital (*digital device*) entre ricos e pobres.

Como última "chamada" de atenção, a Igreja propõe que se tenha em consideração, por exemplo, questões internacionais, como: privacidade, segurança, direitos de autor e de propriedade intelectual, direitos da mulher e da informação nas várias línguas.

Na conclusão, o documento enfatiza que a internet pode oferecer valiosa contribuição para a vida humana: "Há de promover a prosperidade e a paz, o crescimento intelectual e estético, além da compreensão recíproca entre os povos e as nações em nível mundial" (n. 18).

A atitude de abertura da Igreja, neste documento, leva-a a não ter a pretensão de ditar decisões e escolhas, mas fornecer verdadeira ajuda, indicando critérios éticos e morais aplicáveis neste domínio, os quais podem ser encontrados nos valores tanto humanos como cristãos. A Igreja ajuda a refletir que, na busca permanente de compreender a si mesmo, o ser humano, em todas as épocas, formulou interrogações fundamentais: "Quem sou eu? De onde venho e para onde vou? Por que existe o mal? O que é que existirá depois desta vida?". Consciente de sua missão de anunciar ao mundo as respostas que ela mesma recebeu, aponta para aquele que realmente pode oferecer respostas satisfatórias às mais profundas interrogações da vida – Jesus Cristo, o protótipo da verdadeira comunicação.

3.2. O rápido desenvolvimento no campo das tecnologias: última carta de João Paulo II

A Carta Apostólica *O rápido desenvolvimento* foi escrita por João Paulo II e publicada no dia 24 de janeiro de 2005, memória de São Francisco de Sales, padroeiro dos jornalistas. Trata-se da última carta de João Paulo II, pois ele veio a falecer em abril daquele mesmo ano. Podemos considerá-la como o seu último legado à humanidade, dedicada, sobretudo, aos responsáveis pelas comunicações sociais.

Numa tonalidade positiva a respeito das comunicações sociais, o Papa demonstra estar consciente do rápido desenvolvimento das tecnologias no campo da mídia e retoma o pensamento do Magistério da Igreja sobre a comunicação, a partir do "marco referencial" *Inter Mirifica*, aprovada no Concílio Vaticano II (1963). E afirma que, após quarenta anos de sua publicação, houve um caminho fecundo, mas, também, vivemos agora um tempo oportuno para continuamente voltar a refletir sobre os desafios crescentes que se apresentam. Nesse sentido, o pontífice refere-se às palavras de Paulo VI, na *Evangelii Nuntiandi*, enfatizando que a Igreja "se sentiria culpável diante do seu Senhor se não usasse estes poderosos meios" (n. 2).

Entretanto, entre os desafios elencados por João Paulo II, figura aquele que parece ser o mais complexo, devido às atitudes habituais da Igreja em somente usar os meios, ou seja, o de compreender que a Igreja "não está chamada unicamente a usar os *mass media* para difundir o Evangelho, mas, hoje, como nunca, é chamada também a integrar a mensagem salvífica na 'nova cultura' que os poderosos instrumentos da comunicação criam e amplificam" (n. 2).

O campo da mídia é cheio de potencialidades, por isso o Papa realça suas palavras na Carta Encíclica *Redemptoris Missio*, afirmando que "o primeiro areópago do mundo moderno é o mundo da comunicação" (n. 3). Nesse mundo, está o ser humano, que a mídia deve ter em conta promovendo a justiça e a solidariedade. A primeira parte da Carta Apostólica finaliza chamando atenção para os critérios supremos da verdade e da justiça, na prática da liberdade e da responsabilidade. Estes, enfatiza João Paulo, "constituem o horizonte em cujo âmbito se situa uma autêntica deontologia na fruição dos modernos e poderosos meios de comunicação".

Oxalá os vários grupos de estudos, os seminários, enfim a teologia e a Pastoral da Comunicação possam levar em conta o estudo da cultura da comunicação e a necessidade de uma deontologia no campo da mídia. A Igreja, em primeiro lugar, deve promover o debate sobre tais assuntos.

3.2.1. Discernimento evangélico e compromisso missionário

Na consideração da Carta Apostólica *O rápido desenvolvimento*, encontramos, em continuação, os fundamentos teológico e eclesial da comunicação, enfatizados por João Paulo II, pois assim afirma o Papa: "Também o mundo da mídia tem necessidade da redenção de Cristo" (n. 4). Os processos e o valor das comunicações sociais, analisados do ponto de vista da fé, encontram seu fundamento na Sagrada Escritura. Esta "se apresenta como um 'grande código' de comunicação de uma mensagem" que não é efêmera, não passa com o tempo nem se transforma segundo a diversidade das ocasiões. Trata-se da história da salvação onde acontece a verdadeira comunicação: aquela de Deus com o homem.

É na comunicação entre Deus e a humanidade, quando o Verbo se fez um de nós, que acontece o ato de amor perfeito "através do qual Deus se revela, juntamente com a resposta de fé da humanidade". Tal atitude se transforma em um diálogo fecundo. É neste diálogo de amor que compreendemos e aprendemos "a comunicar com Deus e com os homens através dos maravilhosos instrumentos da comunicação social". Com os *mass media*, então, enfatiza o Papa, revelam-se oportunidades para alcançar as pessoas em todas as partes do universo, vencendo barreiras de tempo, de espaço e de língua. É possível, então, formular os conteúdos da fé e as metas seguras para entrar em diálogo com o Criador, "revelado em Jesus Cristo".

Se contemplamos Jesus, por sua vez, ele nos dá o exemplo de comunicação com o Pai e com as pessoas, "quer vivendo momentos de silêncio e de recolhimento, quer pregando em todos os lugares e com as várias linguagens possíveis" (n. 5). Uma comunicação contínua de Jesus que culmina na Eucaristia. Nasce, consequentemente, a comunicação que "permeia as dimensões essenciais da Igreja, chamada a anunciar a todos a Boa-Nova da salvação" (n. 6). É por este motivo que a Igreja assume as mais variadas oportunidades que os meios de comunicação social oferecem "como percurso dados providencialmente por Deus nos dias de hoje para aumentar a comunicação e tornar o anúncio mais incisivo".

A visão positiva de João Paulo II a respeito da comunicação, entretanto, vem acompanhada do incentivo para usar os meios "com o gênio da fé e na docilidade à luz do Espírito Santo" (n. 6), a fim de criarem vínculos de comunhão entre o povo de Deus.

3.2.2. Mudança de mentalidade e renovação pastoral

Na Carta Apostólica *O rápido desenvolvimento*, o pensamento de João Paulo II e, portanto, do Magistério da Igreja, adverte para si e para todos os cristãos a necessidade de "mudança de mentalidade e renovação pastoral" a respeito da comunicação. Na verdade, a Igreja deve considerar o uso dos meios de comunicação "como uma resposta ao mandamento do Senhor: 'Ide pelo mundo inteiro, proclamai o Evangelho a toda a criatura'" (Mc 16,15) (n. 7).

No contexto contemporâneo, afirma o pontífice, tal missão se constitui numa tarefa difícil e desafiante, sobretudo aos responsáveis pela educação das pessoas: pais, famílias, educadores. É justamente a atual cultura midiática que impulsiona a Igreja "a fazer uma espécie de revisão pastoral e cultural" para "ser capaz de enfrentar de maneira apropriada" e adequada a transição pela qual passamos neste início de milênio (n. 8).

O pensamento da Igreja é muito explícito quanto à mudança de mentalidade e dos métodos pastorais, ao referir-se aos pastores e, com particular responsabilidade, "às pessoas consagradas, que estão orientadas pelo seu carisma institucional ao compromisso no âmbito das comunicações sociais" (n. 8).

Com muita lucidez, o Papa João Paulo II volta a enfatizar o que já sugerira na década de 1990, com a Encíclica *Redemptoris Missio* (37c), que se desse a devida importância aos *mass media*, inserindo-os "com evidência na programação pastoral". Com particular ênfase nas novas tecnologias de comunicação, sobretudo nas potencialidades, por exemplo, da internet, o Papa incentiva a que se use tal tecnologia não somente para a informação, mas também que "habituem as pessoas a uma comunicação interativa". Certamente, prossegue o Papa, "junto com os novos meios devem ser usados também outros", uma vez verificadas todas as possíveis valorizações de instrumentos tradicionais (n. 9).

A preocupação maior deve sempre recair sobre a finalidade do uso dos meios de comunicação: a de tornar as pessoas conscientes da dimensão ética e moral da informação. E, finalmente, uma preocupação pastoral especial que a Igreja é convidada a desenvolver: uma atenção pastoral aos profissionais da comunicação. João Paulo II conclui seu pensamento com palavras realmente de pastor: "Com frequência estes homens e mulheres encontram-se perante pressões particulares e dilemas éticos [...]; muitos deles 'sentem o desejo sincero de conhecer e praticar o que é justo no campo ético e moral', e esperam da Igreja orientações e apoio" (n. 9).

3.2.3. Comunicar com a força do Espírito Santo

Na última parte da Carta Apostólica, João Paulo II exorta todos os cristãos, e principalmente os comunicadores a "comunicar com a força do Espírito". Na verdade, é somente com a luz e a sabedoria do Espírito que se pode enfrentar o "grande desafio deste nosso tempo", o de manter "uma comunicação verídica e livre, que contribua para consolidar o progresso integral do mundo" (n. 13).

E ainda a sabedoria vinda do Espírito que ajuda nas escolhas e no vencer as dificuldades da comunicação, quanto às "ideologias, à sede de lucro e de poder, às rivalidades e aos conflitos entre indivíduos e grupos". Afirma o Papa que, se por um lado as modernas tecnologias oferecem e desenvolvem com enorme velocidade a comunicação, por outro, infelizmente, "não favorecem de igual modo aquele intercâmbio frágil entre uma mente e outra, entre um coração e outro, que deve caracterizar qualquer forma de comunicação ao serviço da solidariedade e do amor" (n. 13).

No contexto da necessidade de discernimento e boas escolhas no mundo da comunicação, João Paulo II lembra a todos que o Apóstolo Paulo oferece uma mensagem incisiva a todos que estão comprometidos na comunicação social, isto é, políticos, comunicadores profissionais, espectadores. A afirmação consiste no seguinte, quando Paulo se dirige aos Efésios: "Portanto, tendo vós todos rompido com a mentira, que cada um diga a verdade ao seu próximo, pois somos membros uns dos outros. De vossa boca não saia nenhuma palavra maliciosa, mas somente palavras boas, capazes de edificar e de fazer bem aos ouvintes" (4,25.29).

E João Paulo II, referindo-se aos trabalhadores da comunicação, demonstra o seu afeto e zelo de Pastor, num convite veemente a não nos deixar intimidar, e afirma: "Não tenhais medo! Não tenhais medo das novas tecnologias! Elas incluem-se 'entre as coisas maravilhosas', *'Inter Mirifica'*, que Deus pôs à nossa disposição para as descobrirmos, usarmos, fazer conhecer a verdade, também a verdade acerca do nosso destino de filhos seus, e herdeiros do seu Reino eterno" (n. 14).

Fazendo ressoar várias vezes o "não tenhais medo!", o Pontífice, por fim, exorta a não temer a oposição do mundo, recordando que Jesus venceu o mundo. É preciso não ter medo das próprias fraquezas, porque cremos na palavra de Jesus que disse: "Eu estarei sempre convosco, todos os dias, até o fim do mundo" (Mt 28,20). Por isso é preciso comunicar sempre a mensagem de "esperança, de graça e de amor de Cristo" (n. 14)

4
O percurso da comunicação na missão da Igreja, de Medellín a Aparecida

Uma fidelidade progressiva

Na trajetória eclesial sobre o tema comunicação, a Igreja sempre a considerou como um elemento importante, a ser contemplado na sua especificidade. E os documentos das quatro últimas conferências do Episcopado Latino-americano – Medellín, Puebla, Santo Domingo e Aparecida – demonstram um caminho ascendente da Igreja latino-americana e caribenha na consideração do fenômeno da comunicação, segundo as diferentes épocas e realidades. Mesmo sem proceder a uma análise mais aprofundada do texto, os próprios títulos sobre o tema da comunicação revelam o "fatigoso", mas crescente itinerário. Assim, pois, em Medellín (1968) o enfoque voltava-se para "Meios de Comunicação Social"; em Puebla (1979), "Comunicação Social"; em Santo Domingo (1992), "Comunicação Social e Cultura"; e em Aparecida (2007), "Pastoral da Comunicação Social".

Na América Latina, o CELAM (Conferência Episcopal Latino-americana, 1955) sempre considerou os meios de comunicação de massa como instrumento para o desenvolvimento das atividades de evangelização, e de modo especial sua atenção voltou-se para a "promoção" da doutrina católica. No decorrer do tempo, fundou um departamento específico de comunicação social (DECOS) para articular os serviços e as atividades pastorais no terreno da comunicação junto às Conferências Episcopais Nacionais em cada país do continente.

4.1. Medellín: "Meios de Comunicação Social" (1968)

No contexto eclesial da América Latina, a aplicação do Vaticano II em comunicação foi ampliada a partir da década de 1960, sob os auspícios do DECOS-CELAM.[1] No contexto da teoria da modernização e do surgimento da teologia da libertação, nesse período surgem três importantes documentos sobre a comunicação, elaborados em encontros promovidos pelo CELAM.

Os textos, porém, eram influenciados pela teoria da modernização. Entre eles, o documento sobre os meios de comunicação social, Medellín (Colômbia), 1968.[2] São conteúdos que retomam as posições do Vaticano II, especialmente do *Inter Mirifica*, sobre as comunicações. Havia uma crença de que a mídia era virtualmente "todo-poderosa" e, portanto, vista como ferramenta apropriada para promover a mudança social, devia também ser usada na evangelização. De um lado a crítica à situação e a referência ao subdesenvolvimento dos povos da América Latina; de outro,

---

[1] Também através de outras organizações católicas como UNDA-AL, SAL-OCIC, UCLAP – secretariados sobre o rádio, cinema e imprensa, hoje sob a denominação de SIGNIS (com exceção da UCLAP).

[2] Os outros documentos são: "Primeiro seminário dos responsáveis pelos secretariados nacionais de comunicação social", Santa Inês (Peru), 1966; e três seminários regionais em Montevidéu, Lima e São José (Costa Rica), de maio a julho 1968.

porém, como afirma José Marques de Melo,[3] a atitude ingênua com seu encantamento diante das novas tecnologias de comunicação. Os meios de comunicação eram vistos como superpoderosos, capazes de incrementar o desenvolvimento e orientar os planos em direção ao bem comum. Contudo, as conclusões de Medellín estabelecem uma nova mentalidade de Igreja e, consequentemente, em suas relações com a comunicação.

Os documentos elaborados ao longo dos anos 1970 não trouxeram novidades para a visão da Igreja sobre comunicação, contentando-se com o pensamento já existente sobre a matéria. No entanto, a pedra angular na comunicação da Igreja no final da década foi o desenvolvimento das Comunidades Eclesiais de Base.

4.2. Puebla: "Comunicação Social" (1979)

Em 1978, com a finalidade de preparar a terceira conferência dos bispos latino-americanos, em Puebla (1979), o Decos elaborou o documento *A evangelização e a comunicação social na América Latina*. Coordenado por Washington Uranga, na época secretário do Decos, o texto coletava os dados de dezoito nações e reunia comentários de peritos latino-americanos e estrangeiros em trabalho de pastoral e comunicação. Constituiu-se, assim, a primeira síntese do pensamento da Igreja latino-americana sobre comunicação.

O tema comunicação ocupava 32 artigos no *Documento de Puebla* (1979) e representou um avanço sobre o *Documento de Medellín*. Ao reconhecer que a comunicação social está condicionada pela realidade sociocultural das

---

[3] MARQUES DE MELO, José. Igreja e Comunicação. In: SOARES, Ismar O.; PUNTEL, Joana T. (orgs.). *Comunicação, Igreja e Estado na América Latina*. São Paulo: UCBC-Paulinas, 1985. p. 11.

nações da América Latina e, ao mesmo tempo, é um dos fatores determinantes na manutenção de tal realidade, as conclusões de Puebla apoiam-se numa análise mais lúcida sobre a inter-relação dos meios de comunicação com a realidade sociocultural.

E *Puebla* denuncia, então, o controle e a manipulação ideológica exercidos pelos grupos poderosos econômicos e políticos através dos mídia (n. 1071). Atento ao fenômeno da comunicação e suas implicações para a evangelização, o documento propõe que a hierarquia e os agentes pastorais conheçam, compreendam e experimentem mais a fundo o fenômeno da comunicação, procurando integrá-la na pastoral de conjunto (n. 1083).

Um importante e original aspecto do *Documento de Puebla* é que a Igreja, sem rejeitar os meios de comunicação, enfatiza o uso da comunicação popular ou comunicação de grupo como uma alternativa que leva em conta um processo dialógico e participativo de comunicação (experiências que vinham se desenvolvendo desde *Medellín*). Assim, a comunicação grupal, reforçada por *Medellín* e *Puebla*, tornou-se a atividade principal na comunicação da América Latina. Ela provinha dos meios audiovisuais para alcançar os objetivos de evangelização e de conscientização para uma mudança social.

Entre os documentos da Igreja no continente na década de 1980, encontramos os de Quito (Equador, 1982) e de Embu (São Paulo, 1982) sobre a *Igreja* e a *Nova Ordem Mundial de Informação e Comunicação* (NOMIC). O documento de Embu foi considerado o mais importante, convocado pela Igreja latino-americana, com referência à NOMIC. Contou com a participação de representantes da Pastoral da Comunicação e destacados pesquisadores da área e formadores de opinião da América Latina para discutirem o papel e a responsabilidade dos cristãos, mais especificamente dos católicos na construção de uma nova ordem da comunicação.[4] Era o tempo em que a Igreja tomava posição definida e incentivava o acesso à participação e comunicação alternativa.[5]

No que concerne à Igreja e a comunicação na sociedade brasileira, a Igreja aplicou as diretrizes do Vaticano II, seguindo os vários pronunciamentos papais e as conclusões especialmente de *Medellín* e *Puebla*, já mencionadas anteriormente.

Na década de 1970, vive-se no Brasil o advento de uma ordem capitalista e a consolidação de uma Igreja verdadeiramente nacional, que procura se inculturar sempre mais. Embora sob a ditadura militar e a Lei de Segurança Nacional, os "setores de ponta" se desenvolveram acentuadamente (computação, setor aeroespacial, armamentos e energia nuclear). Tal transição trouxe grande impacto sobre as relações sociais e os valores. O setor de comunicações de massa passou a produzir e a comercializar a maioria dos bens culturais. Em sentido ideológico, moldou de maneira decisiva as imagens predominantes do Brasil. A Igreja passou a denunciar o sistema e, nos meios de comunicação de massa, o seu acesso se torna cada vez mais limitado, com possibilidades sempre menores de transmitir seu conteúdo de evangelização. Inicia-se o debate sobre "ter ou não os próprios meios".

---

[4] Para aprofundamento e detalhes sobre este tema, consultar PUNTEL, Joana T. *A Igreja e a democratização da comunicação na América Latina*. São Paulo: Paulinas, 1994.

[5] Em 1992 realizou-se a Quarta Conferência Episcopal Latino-americana em Santo Domingo (República Dominicana). Com referência à comunicação, entretanto, não apresentou avanços específicos. O que pode ser considerado em relação ao nosso tema seria a sua preocupação com uma "Pastoral da Cidade".

Assim, quase que pela primeira vez, segundo Ralph Della Cava, o "clero" atribui aos meios de comunicação de massa um papel central indispensável para a pregação do Evangelho e a condução do trabalho pastoral da Igreja. Os anos 1980 poder-se-ia dizer que são anos de "autoconsciência". Afirma Della Cava, referindo-se àquela época: "é possível que o catolicismo brasileiro se encontre em uma encruzilhada, ou mesmo num impasse, frente à moderna indústria da cultura, cada vez mais poderosa no país".[6]

4.3. Santo Domingo: "Comunicação social e cultura" (1992)

Prosseguindo a caminhada da Igreja no que se refere à comunicação, vamos encontrar também na Conferência de Santo Domingo (1992) alguns artigos que se referem à comunicação. Na verdade, a IV Conferência quis enfatizar as linhas mestras de um novo impulso evangelizador "que pusesse Cristo no coração e nos lábios, na ação e na vida de todos os latino-americanos".[7] Assim que, o esforço concentrou-se em fazer com que a verdade sobre Jesus Cristo, a Igreja e o homem fossem "verdades" que penetrassem mais profundamente todos os estratos da sociedade. Portanto, a nova evangelização foi a ideia central de todo o documento de Santo Domingo.

No terceiro capítulo da segunda parte, A cultura cristã, a comunicação recebe a consideração em oito artigos que, na prática, repetem e refletem sobre considerações a respeito da comunicação social, feitas noutros documentos da Igreja. Assim, na perspectiva teológica (n. 279) segue

---

[6] DELLA CAVA, Ralph; MONTEIRO, Paula. ...*E o verbo se faz imagem*; Igreja Católica e os Meios de Comunicação no Brasil: 1962-1989. Petrópolis: Vozes, 1991.

[7] DARIVA, Noemi (org.). *Comunicação Social na Igreja*; documentos fundamentais. São Paulo: Paulinas, 2003. p. 506.

a orientação de *Puebla* e vê a comunicação como um "caminho que deve ser seguido para se chegar à comunhão (comunidade)". Referências são feitas também à *Aetatis Novae*, que por sua vez cita a *Communio et Progressio*.

Ao se referir aos desafios pastorais, o documento fala dos progressos tecnológicos, do desenvolvimento da indústria das comunicações, dos perigos da publicidade e da programação televisiva em geral. Sublinha-se a insuficiente presença da Igreja nos meios de comunicação e nas telecomunicações. Há referência também à elaboração de "políticas de estratégias de comunicação", à preparação técnica, doutrinal e moral de todos os agentes de pastorais e a uma adequada educação dos receptores dos meios de comunicação. Encoraja-se, ainda, a pesquisa nas universidades católicas.

A respeito de *Santo Domingo*, conclui-se que, embora o documento não avance além da originalidade de *Medellín* e *Puebla* sobre a comunicação social na América Latina, demonstra preocupação em "dar impulso a uma eficaz ação educativa e a um decidido empenho para uma moderna comunicação" (n. 300).

4.4. Aparecida: "Pastoral da comunicação social" (2007)

No caminho ascendente da compreensão da Igreja a respeito da comunicação, mencionado no início desta exposição, o *Documento de Aparecida* focaliza, sobretudo, a necessidade da Pastoral da Comunicação (nn. 484-490). Para desenvolvermos uma "Pastoral", entretanto, é necessário, realmente, considerar a comunicação não somente como um elemento transversal, mas dar-lhe o seu lugar específico na evangelização, que necessita investir enfaticamente numa pastoral midiática, e ser tratada como tema próprio. Neste sentido, e considerando que a mídia constitui-se muito mais que um simples instrumento, ela configura a atual cultura, lugar em que se desenvolve o discipulado missionário em favor da vida plena.

Se considerarmos o fato de que vivemos, nestes últimos anos, uma evolução histórico-tecnológica no conceito de comunicação, verificamos que de "meios de comunicação social" passou-se para "comunicação social" e, finalmente, chegamos à "cultura da comunicação". Cabe a nós, a partir do mandato missionário de Jesus (cf. Mt 28,16-20), integrar a mensagem cristã nesta nova cultura criada pelas modernas comunicações (cf. RM, n. 37c).

O que a revolução tecnológica introduz em nossa sociedade não é apenas uma quantidade inusitada de novas tecnologias, criativas, potentes e abrangentes, mas um novo modo de relacionar processos simbólicos e formas de produção e distribuição dos bens e serviços. É preciso, porém, estarmos atentos à comunicação, que mais e mais remete, não tanto aos meios, mas sim a novos modos de percepção e linguagem, a novas sensibilidades e escritos.

Foi levando em conta este e outros aspectos, descritos nos números 484 a 490, que a Igreja Latino-americana e Caribenha, com o *Documento de Aparecida*, se propõe a formar discípulos e missionários, conhecendo e valorizando a "nova cultura da comunicação", atitude esta que implica em desenvolver, entre muitas outras iniciativas, a formação e a educação das pessoas para a comunicação.

Levando em consideração que as linguagens da comunicação configuram-se, hoje, elas próprias, tanto elemento articulador das mudanças na sociedade, quanto meios de difusão, *Aparecida* reafirma que "o primeiro anúncio, a catequese ou o posterior aprofundamento da fé não podem prescindir dos meios de comunicação".

No que concerne à comunicação, no *Documento de Aparecida* convivem tanto o sentido antropológico da comunicação, enquanto espaço de produção de cultura (espaço que precisa ser "conhecido e valorizado"), quanto o conjunto dos recursos da informação como instrumentos a serem usados na evangelização.

Aparecida entende e enfatiza a comunicação como uma "nova cultura", que deve ser compreendida, valorizada e que diz respeito a todos. Portanto, os bispos se comprometem a "acompanhar os comunicadores", não descuidando, porém, da "formação profissional na cultura da comunicação de todos os agentes e cristãos" (n. 486b).

O documento é também pródigo em elogios aos promotores das práticas comunicativas na Igreja e relaciona as atividades que devem ser prioritárias num plano de pastoral, tais como: criar e manter meios próprios, estar presente nos meios de massa, formar comunicadores competentes, educar na formação crítica dos receptores, colaborar para haver leis que se voltem à proteção de crianças e jovens em relação aos efeitos negativos da mídia, aproximar-se dos novos meios, especialmente da internet, com realismo e confiança. Lembra, contudo, que a riqueza da animação da Pastoral da Comunicação dependerá do "espírito de comunhão" a partir do qual for concebida e desenvolvida.

Além de sugerir um cuidado mais explícito com as manifestações artísticas, valorizando sempre mais os espaços de diálogos entre fé e ciência, inclusive dos meios de comunicação, *Aparecida* recomenda a necessidade de que as ações da Igreja sejam acompanhadas pelo melhoramento técnico e profissional (nesse sentido, cita, por exemplo, as celebrações litúrgicas).

Finalmente, o *Documento de Aparecida* recomenda que "se incentive a criação de centros culturais católicos, necessários especialmente nas áreas mais carentes, onde o acesso à cultura é mais urgente".

A leitura dos elementos da V Conferência Geral do Episcopado Latino-americano e do Caribe referentes à Pastoral da Comunicação permite que as paróquias, os movimentos e as dioceses encontrem subsídios para a elaboração de seus próprios planejamentos, com criatividade e em "espírito de comunhão".

Percebemos, então, que o discurso da Igreja que dá sustentação às suas políticas de comunicação social tem estado atento às mudanças de paradigmas próprios do fenômeno comunicativo como integrante da cultura contemporânea. Em termos teóricos, torna-se necessário entender a cultura e, em termos programáticos, compreender como articular, na cultura (como inculturar), as práticas pastorais, tornando-as eficazes e adequadas ao momento histórico pelos quais passamos.

Cabe, pois, à Pastoral da Comunicação vivificar todas as demais manifestações pastorais, pregando insistentemente a necessidade constante do diálogo e da abertura para a participação de todos. No caso, a Pastoral da Comunicação volta-se, simultaneamente, para o ser humano, enquanto "ser de relação" (Paulo Freire) e para a máquina, enquanto espaço de relação (Pierre Levy). Sem dúvida, tal conjuntura traz um intrigante desafio para a Pastoral da Comunicação.

Além do desafio de promover as relações entre as pessoas, ampliando os caminhos da expressão no espaço da comunidade, é preciso pensar o uso dos recursos e meios não apenas para difundir mensagens, mas especialmente para ouvir a cultura e ampliar o diálogo intercultural e inter-religioso.

5
E no Brasil...
crescente fidelidade dinâmica

No que concerne à Igreja e comunicação na sociedade brasileira, a Igreja aplicou o Vaticano II seguindo os vários pronunciamentos papais, seguindo as conclusões especialmente de *Medellín*, *Puebla*, *Santo Domingo* e, mais recentemente, *Aparecida*, já mencionados anteriormente. Na década de setenta, vive-se no Brasil o advento de uma ordem capitalista e a consolidação de uma Igreja verdadeiramente nacional, que procura inculturar-se sempre mais. Embora o período militar, de Segurança Nacional..., os "setores de ponta" se desenvolveram acentuadamente (computação, setor aeroespacial, armamentos e energia nuclear). Tal transição trouxe grande impacto sobre as relações sociais, os valores... O setor de comunicações de massa passa a produzir e a comercializar a maioria dos bens culturais, e em sentido ideológico molda de maneira decisiva as imagens predominantes do Brasil. A Igreja passa a denunciar o sistema e, nos meios de comunicação de massa, o seu acesso se torna cada vez mais limitado, com possibilidades sempre menores de transmitir seu conteúdo de evangelização. Inicia-se o debate sobre "ter ou não os próprios meios".

Assim, quase que pela primeira vez, segundo Ralph Della Cava, o "clero" atribui aos meios de comunicação de massa um papel central indispensável para a pregação do Evangelho e na condução do trabalho pastoral da Igreja. Os anos 1980 poder-se-ia dizer que são anos de "autoconsciência". Afirma Della Cava, referindo-se àquela época: "é possível que o catolicismo brasileiro se encontre em uma encruzilhada, ou mesmo num impasse, frente à moderna indústria da cultura, cada vez mais poderosa no país".[1]

Na trajetória da Igreja-comunicação, especialmente no Brasil, muitas são as etapas que mereceriam uma recordação especial. Aqui, entretanto, apenas as mencionamos. Por exemplo, muitos batalhadores no campo da comunicação, que poderiam ser denominados como "profetas". O fato de deixar que o povo fosse o protagonista da comunicação. Esforços sem conta de articulações e políticas na comunicação católica. A implantação e o caminho percorrido pela pastoral da comunicação. Os crescentes ensaios, que já se tornam realidade, das redes de comunicação.[2]

5.1. A comunicação na vida e missão da Igreja no Brasil

Após muitos anos de estudos e reelaborações de textos por parte da Equipe de Reflexão sobre a Comunicação da CNBB, publicou-se recentemente o n. 101 dos documentos *Estudos da CNBB -101*: "A comunicação na vida e na missão da Igreja no Brasil".[3] O texto foi elaborado primeiramente para ser o Diretório de Comunicação para a Igreja do Brasil. Apresentado para o Conselho Permanente, em

---

[1] DELLA CAVA, Ralph; MONTEIRO, Paula. ...*E o verbo se faz imagem*; Igreja Católica e os Meios de Comunicação no Brasil: 1962-1989. Petrópolis: Vozes, 1991.
[2] SOARES, Ismar O. Celebrando 50 anos de comunicação sob a liderança da CNBB. In: *Presença Pública da Igreja no Brasil*. São Paulo: Paulinas, 2003.
[3] Estudos da CNBB-101.

2010, para uma possível aprovação do Diretório de Comunicação na Assembleia Geral (2011), mas devido ao acúmulo de assuntos para a Assembleia decidiu-se autorizar a publicação na coleção "Estudos da CNBB".

O presente estudo, como diz a Introdução do texto, tem como objetivo colocar sobre a mesa de reuniões dos pastores e dos agentes pastorais de todo o país um instrumento de reflexão que *motive e oriente o planejamento das ações evangelizadoras no contexto da cultura*[4] em que vivemos neste início de milênio. Trata-se de um desafio de grande porte para a Igreja e que tem suas consequências para as diversas áreas pastorais, como catequese, liturgia. Pois, olhar a mídia com os olhos da fé significa reconhecer os seus limites, porém, ainda mais, a sua potencialidade, e agir de maneira a que se torne um recurso concreto para a missão da Igreja.

Daí a importância de compreender que a comunicação se torna, simultaneamente, um "processo", um "conteúdo" e uma "rede". "Processo", porque foi em espaços de intensas e ricas experiências de relação comunicativa comunitária que Cristo transmitiu sua mensagem e os apóstolos motivaram os cristãos ao ágape fraterno. Revela-se conteúdo, porque abarca o comportamento, as tendências e os estilos de vida contemporâneos. Finalmente, converte-se em "rede de relações", em virtude das novas e originais ocasiões oferecidas pelos meios de comunicação midiática a uma cultura cristãmente inspirada, a fim de que se difunda e entre em diálogo com outras culturas.[5]

---

[4] A ênfase é minha.
[5] A última parte é praticamente literal da Introdução do texto, uma vez que a autora fez parte da equipe que o trabalhou.

Toda a reflexão contida no documento se constrói num roteiro composto por nove capítulos, e que poderão ser objeto não somente de estudos em geral, mas de inserção em grades curriculares de estudos de Teologia ou Filosofia, nos seminários.

O documento, então, trata de uma perspectiva que assume a comunicação para além dos aparatos, e oferece a reflexão sobre a necessidade de substituir "o costumeiro deslumbramento perante as novas tecnologias pela reafirmação do ser humano como um ser de comunicação na comunidade e pela comunidade, integrando ecossistemas comunicativos abertos e criativos, sejam estes os espaços da família, da escola ou da paróquia, do ambiente de trabalho, ou da própria mídia".

É, portanto, nos passos *do Inter Mirifica* e já inserindo os avanços necessários e novas frentes de evangelização no mundo da comunicação, o documento "A comunicação na vida e na missão da Igreja no Brasil" seguirá sua reflexão até se transformar no Diretório de Comunicação para toda a Igreja do Brasil, onde a comunicação deve ser compreendida e trabalhada de forma simultânea como um *processo*, um *conteúdo* e uma *rede*.

Texto e comentário

Decreto Conciliar *Inter Mirifica* sobre os meios de comunicação social*

Paulo bispo, servo dos servos de Deus,
com os padres Conciliares,
para perpétua memória

---

* Situar o tema sobre o decreto conciliar *Inter Mirifica* é sempre relevante, uma vez que revela esforços e conquistas da Igreja para dialogar com o mundo contemporâneo, como o documento *Gaudium et Spes* evidencia, na última sessão do Concílio.

Na verdade, o Papa João XXIII (1958-1963) não nos deixou documento sobre os meios de comunicação social que se possa comparar à *Miranda Prorsus*. Entretanto, nas mais de cinquenta vezes em que abordou o tema, seja com profissionais da comunicação ou não, ele insiste em alguns aspectos, como a maldade que pode ser disseminada através desses meios, mas diz que não faz parte do seu temperamento ficar lamentando a esse respeito. É preciso partir para um trabalho positivo que exige dos católicos, neste campo: (1) uma *formação profissional aprimorada* e (2) um *esforço apostólico* impregnado pelo lema de São Paulo: "fazendo a verdade, na caridade".

O Papa Roncalli, apesar do valor dessa temática, neste e noutros campos em que atuou, distinguiu-se muito mais pelas atitudes que assumiu do que pelas palavras que pronunciava. Principalmente no campo de nosso interesse, João XXIII beneficiou de um excepcional dom de comunicação com seus contemporâneos, católicos ou não, a ponto de se tornar a própria notícia. E entre os seus gestos mais significativos e de maiores consequências, também no campo das comunicações sociais, está a convocação do Concílio Vaticano II, iniciado a 11 de outubro de 1962, trazendo em sua pauta o tema da comunicação.

Assim, já em novembro de 1959, o Papa nomeia uma Comissão interna, ligada à Congregação do Concílio para preparar algo sobre os *meios modernos de apostolado*; e juntamente com as 10 Comissões pré-conciliares, encarregadas de um determinado setor de estudos, encontra-se também um secretariado para tratar as questões referentes aos meios modernos de divulgação do pensamento (imprensa, rádio, televisão, cinema) e que recebeu o nome oficial de *Secretariado da Imprensa e dos Espetáculos*, tendo como presidente Mons. O'Connor.

Este Secretariado preparou um esquema sobre o assunto, que, entregue à Comissão Central preparatória, depois de alguns retoques, foi aprovado pelo Papa João XXIII a 13 de julho de 1962. Com o título de *Constituição sobre os Instrumentos de Difusão* ou *a Comunicação Social*, passou o texto à Comissão Conciliar do *Apostolado dos Leigos, da Imprensa e dos Espetáculos*.

O tema foi debatido durante a 1ª sessão do Concílio, nos dias 23, 24 e 26 de novembro de 1962, com 57 intervenções a esse respeito, proferidas na aula conciliar, e 28 por escrito; no dia 27 os padres conciliares votaram os seguintes pontos que lhes foram apresentados pelo moderador do dia: "(1) o projeto fica substancialmente aprovado; é sumamente oportuno que a Igreja, no exercício do seu magistério conciliar, se ocupe de um problema de tanta importância no campo pastoral; (2) consideradas as observações apresentadas pelos Padres conciliares, confia-se à comissão competente a missão de extrair do projeto os princípios doutrinais essenciais e as diretrizes pastorais mais genéricas, para formulá-los de um modo mais conciso e breve, para que o documento possa ser oportunamente apresentado à votação; (3) tudo o que se refere à prática e à execução, por expresso mandato do Concílio, seja redigido em forma pastoral pelo organismo mencionado no n. 57 do projeto, com a colaboração de pessoas competentes de várias nações". Votantes: 2.160. Pró: 2.138; contra: 15; votos nulos: 7.

A Comissão encarregada reviu, então, o documento durante a intersessão; ele passou a se intitular *Decreto sobre os Instrumentos de Comunicação Social*. E volta à Basílica para receber emendas, a 14 de novembro de 1963, quase no fim da segunda sessão, já sob a presidência de Paulo VI. Poucas observações apareceram e já no dia seguinte, 25, estava para ser votado, quando um grupo de jornalistas norte-americanos, apoiados por 4 peritos do Concílio, lançou um violento ataque ao texto em prospectiva: "O Decreto proposto mal corresponde à natureza de um concílio convocado para adaptar a Igreja ao mundo moderno. Não realiza uma atualização, mas um retrocesso. Quando o documento não é vago e invertebrado, ressente-se de uma concepção das relações entre a Igreja e a cultura moderna secamente abstrata, e apresenta uma imprensa que existe unicamente nos manuais e que nunca chegamos a conhecer".

Vários Padres conciliares aderiram, mas já era tarde demais para que se conseguisse recusar o decreto. Assim mesmo, de todos os textos aprovados pelo Concílio, este foi o que recebeu maior número de votos contra: 503 num total de 2.112 votantes.

No dia 4 de dezembro, quando da votação solene regulamentar, que precedia a promulgação pelo Papa, a votação foi a seguinte: votantes: 2.124. Pró: 1960. Contra: 164 (DALE, Frei Romeu. *Igreja e Comunicação Social*. São Paulo: Edições Paulinas, 1973. pp. 163-164).

Os 24 artigos que compõem o decreto conciliar estão assim divididos: uma breve Introdução (2 artigos); o capítulo 1, com 10 artigos destinados à doutrina; o capítulo 2, com 10 artigos referente à ação pastoral; e os 2 artigos da conclusão.

Proêmio

Significação dos termos

1. Entre os maravilhosos inventos da técnica que, principalmente nos nossos dias, o engenho humano extraiu, com a ajuda de Deus, das coisas criadas, a Santa Igreja acolhe e fomenta aqueles que dizem respeito, principalmente, ao espírito humano e abriram novos caminhos para comunicar facilmente notícias, ideias e ordens. Entre estes instrumentos salientam-se aqueles que, por sua natureza, não só podem chegar a cada um dos homens mas também às multidões e a toda a sociedade humana, como a Imprensa, o Cinema, a Rádio, a Televisão e outros que, por si mesmos, podem chamar-se, com toda a razão, meios de Comunicação Social.

Por que o Concílio trata disso

2. A Santa Igreja reconhece que estes instrumentos, retamente utilizados, prestam ajuda valiosa ao gênero humano, posto que contribuem eficazmente para unir e

---

Proêmio – o Proêmio (1-2) do documento é não somente de uma riqueza ímpar, mas celebra, pela primeira vez, a aceitação "oficial" da comunicação por parte da Igreja, denominada ainda como "instrumentos de comunicação". Tal importância refere-se ao fato da "aceitação oficial" da comunicação social e pode ser entendida como uma "legitimação" para o uso dos meios pela Igreja. Somente este fato corresponde ao valor imprescindível do decreto, pois este

cultivar os espíritos e propagar e afirmar o reino de Deus; sabe também que os homens podem utilizar tais meios contra os mandamentos do Criador e convertê-los em instrumentos da sua própria condenação; mais ainda, sente uma maternal angústia pelos danos que, com o seu mau

se apresenta como uma espécie de "divisor de águas", se levarmos em conta a trajetória anterior da relação Igreja-comunicação, desenvolvida em diferentes épocas e, praticamente sem diálogo com a cultura em muitas áreas, como a da comunicação. O documento refere-se aos instrumentos de comunicação, como imprensa, rádio, televisão, cinema e outros meios semelhantes, que também podem ser propriamente classificados como meios de comunicação social. Ao enumerar esses meios, no entanto, o decreto refere-se ao que fora comumente classificado como meio de comunicação de massa até aquela data. Nenhuma atenção é dada, no documento, às forças que articulam os meios de comunicação: por exemplo, anúncios, marketing, relações públicas e propaganda.

O Proêmio do documento usa a terminologia "comunicação social", preferindo-a a "meios audiovisuais", "técnicas de difusão", "mass media", ou "comunicação de massa", que parecem discutíveis e ambíguos por sugerirem a "massificação", como se esta fosse decorrência inevitável da utilização dos instrumentos de comunicação social. Tal preferência baseou-se no fato de que o decreto queria referir-se a todas as tecnologias de comunicação; mas também usou um conceito de tecnologia que não se atenha apenas às técnicas ou à difusão destas, mas incluía os atos humanos decorrentes, que são, no fundo, a principal preocupação da Igreja em seu trabalho pastoral. A Igreja quis assumir assim uma visão mais otimista da comunicação frente às "questões sociais". A comunicação não pode reduzir-se a simples instrumentos técnicos de transmissão, mas deve ser considerada como um processo de relacionalidade entre os homens.

uso, se têm infligido, com demasiada frequência, à sociedade humana.

Em face disto, o sacrossanto Concílio, acolhendo a vigilante preocupação de Pontífices e Bispos em questão

---

Tal intenção foi sem dúvida importante, mas ao longo de sua história e, ainda hoje, a Igreja continua, em grande parte, "presa" ao discurso dos instrumentos, à utilização das técnicas, enquanto o discurso da comunicação já se tornou mais amplo e complexo, incluindo uma gama de variedades e interferências na cultura midiática atual.

Mesmo que muitos comunicadores fizessem ressalvas ao documento do Vaticano II sobre a Comunicação Social, pois julgavam-no fraco e tímido, o discurso da Igreja sobre comunicação ganhava, naquele momento, um peso crescente nos ambientes que pensavam a Comunicação, por exemplo o seu ensino no Brasil. Assim, em 1971, na realização da VIII Conferência Nacional de Jornalistas Profissionais, em Goiânia, criou-se uma "Comissão de Cursos de Comunicação Social" com várias recomendações aprovadas pelo plenário, dirigidas ao Ministério da Educação, aos Sindicatos de Jornalistas Profissionais, à Federação Nacional dos Jornalistas. Para os profissionais, tal Comissão demonstrou a influência que a Igreja exerceu junto aos comunicadores, quando recomendou que se levasse em consideração as advertências do Papa Paulo VI, ou seja, explícitas no *Inter Mirifica*, como afirma o pesquisador Ismar O. Soares.

Na análise detalhada de Ernesto Baragli (*L'Inter Mirifica*, p. 308), no n. 2 os padres conciliares reconhecem a ambivalência cultural, social e moral dos meios de comunicação social. E dois dados de fato estavam presentes nas mentes dos participantes do Vaticano II: "primeiro, que se trata de realidades muito complexas; segundo, que as elas implicam comportamentos humanos e sociais a respeito do que, mesmo fora do âmbito conciliar, é difícil qualquer juízo apriorístico e definitivo, sobretudo quando os fenômenos estão ainda na fase inicial e, portanto, explosiva".

de tanta importância, considera seu dever ocupar-se das principais questões respeitantes aos instrumentos de comunicação social. Confia, além disso, em que a sua doutrina e disciplina, assim apresentadas, aproveitarão não só ao bem dos cristãos, como ao progresso de todo o gênero humano.

Capítulo I
Normas para o correto uso dos meios de comunicação social

Os deveres da Igreja

3. A Igreja Católica, fundada por Nosso Senhor Jesus Cristo para a salvação de todos os homens, e por Ele mesmo obrigada à evangelização de toda a criatura, considera parte da sua missão servir-se dos instrumentos de comunicação social para pregar aos homens a mensagem de salvação e ensinar-lhes o uso reto destes meios.

À Igreja, pois, compete o direito natural de usar e de possuir todos os instrumentos desta ordem, enquanto sejam necessários ou úteis para a educação cristã das almas

---

CAPÍTULO I – O n. 3 do decreto inicia com uma afirmação importante: o direito natural que a Igreja tem de usar os meios e de ensinar a sua reta utilização. Neste caso, a Igreja se coloca com o direito radical de, como qualquer outra organização social, possuir e usar tais meios, como úteis à educação cristã, cabendo aos pastores a orientação para o seu uso adequado. Muitos críticos tomaram tal afirmação como um material para longa polêmica. Questionaram que um documento conciliar sobre tema tão relevante iniciasse seu desenvolvimento com a afirmação de um "direito de posse", antes mesmo de reafirmar a missão humana e universal destes meios. Para alguns, o capítulo chegava a ser incompreensível e, para outros, "escandaloso", pois repetia

e sua salvação; compete, pois, aos pastores sagrados o dever de instruir e de governar os fiéis de modo que estes, servindo-se dos ditos instrumentos, atendam à sua própria perfeição e salvação, assim como à de todo o gênero humano.

Além disso, compete principalmente aos leigos penetrar de espírito cristão esta classe de meios, a fim de que respondam à grande esperança do gênero humano e aos desígnios divinos.

A lei moral

4. Para o uso reto destes meios é absolutamente necessário que todos os que se servem deles conheçam e levem à prática, neste campo, as normas de ordem moral. Considerem, pois, a natureza especial das coisas que se

---

conceitos já colocados por Pio XI e Pio XII. Entretanto, o estudioso Baragli, que, como já mencionamos, esteve envolvido profundamente na Comissão e na análise do decreto, recorda que a primeira parte do documento dedicado às premissas foi o único espaço utilizado para afirmar uma doutrina segura e tradicionalmente aceita; Baragli lembra ainda que o que realmente se queria ter como certo era não o "direito de possuir ou não", mas a originalidade deste direito (natural, *nativum*). Leve-se em conta que tal direito era desrespeitado em muitos países, especialmente de regime político totalitário.

Ainda neste artigo 3, ao mencionar especialmente os leigos, como membros da Igreja, para animar os meios de comunicação com espírito cristão, a Igreja deixa entrever o papel do leigo, inserido na Igreja.

O artigo n. 4 do *Inter Mirifica* detém-se no *corpus morale* do agir comunicacional, falando sobre o "reto" uso dos meios da

difundem através destes instrumentos, segundo a natureza peculiar de cada um; tenham, ao mesmo tempo, em conta todas as circunstâncias ou condições, isto é, o fim, as pessoas, o lugar, o tempo e outros dados que entram em jogo nos diversos meios de comunicação e aquelas outras

---

comunicação, relevando que é preciso respeitar objetivamente a natureza dos veículos no plano geral dos valores humanos. Na verdade, a comunicação deve adequar-se à ordem dos valores, antes que à existência concreta das coisas. Segundo o *Inter Mirifica* seria falso preferir adequar o conteúdo da comunicação ao mundo tal qual é, que ao mundo como deveria ser, isto é, o universo dos valores.

Na esteira do aspecto ético da comunicação, a Igreja tem insistido e explicitado abundantemente a abordagem da ética, em seus documentos sucessivos *Ética na publicidade* (1997), *Ética nas comunicações sociais* (2000), *Ética na internet* (2002). Trata-se de documentos de inestimável riqueza para a reflexão sobre princípios que permanecem não obstante o desenvolvimento tecnológico em contínuo progresso. Assim, por exemplo, o documento *Ética nas comunicações sociais* (4) declara que "a abordagem da Igreja aos meios de comunicação social é fundamentalmente positiva, encorajadora. Ela não se limita simplesmente a julgar e condenar; pelo contrário, considera que estes instrumentos são não só produtos do gênio humano, mas também grandes dádivas de Deus e verdadeiros sinais dos tempos (cf. *Inter Mirifica*, 1; *Evangelii Nuntiandi*, 45; *Redemptoris Missio*, 37). Ela deseja apoiar os indivíduos que estão profissionalmente comprometidos na comunicação, definindo princípios positivos para os assistir no seu trabalho, enquanto promove um diálogo em que todas as partes interessadas — hoje, isto significa quase todos — possam participar. Estes objetivos estão na base deste documento".

E continua o *Ética nas comunicações sociais* (4) "dizemos novamente: os *mass media* nada fazem por si mesmos; eles são

circunstâncias que podem fazê-los perder a sua honestidade ou trocá-la, entre as quais se conta o caráter específico com que atua cada instrumento, nomeadamente a sua própria força, que pode ser tão grande que os homens, sobretudo se não estão formados, dificilmente sejam capazes de adverti-la, dominá-la e, se se der o caso, afastá-la.

instrumentos, ferramentas que as pessoas utilizam como preferem. Ao refletirmos sobre os meios de comunicação social, devemos enfrentar honestamente a 'mais essencial' das questões levantadas pelo progresso tecnológico: se, como resultado disto, o ser humano 'se torna verdadeiramente melhor, isto é, mais amadurecido do ponto de vista espiritual, mais consciente da dignidade da sua humanidade, mais responsável, mais aberto para com os outros, em particular para com os mais necessitados e os mais fracos, e mais disponível para proporcionar e prestar ajuda a todos' (Papa João Paulo II, *Redemptor Hominis*, 15)".

Na reflexão ético-moral do documento citado, a Igreja continua sua missão de enfatizar a questão ética, afirmando que "a comunicação social tem o imenso poder de promover a felicidade e a realização humanas. Sem a pretensão de fazermos mais do que uma breve análise, salientamos aqui, como fizemos noutras partes (cf. Pontifício Conselho para as Comunicações Sociais, *Ética da publicidade*, 4-8), alguns dos seus benefícios econômicos, políticos, culturais, educativos e religiosos" (6).

Na questão econômica, por exemplo, referindo-se à *Centesimus Annus* (34), a Igreja é clara em afirmar que o mercado não é uma norma de moralidade ou uma fonte de valor moral; a economia de mercado é passível de abusos, mas pode, também, servir à pessoa. Neste contexto, os *mass media* desempenham um papel fundamental, indispensável na economia de mercado (7). Tudo deve ser visto dentro de uma perspectiva de serviço *da* e à pessoa humana. Entretanto, não raro os meios de comunicação

O direito à informação

5. É necessário, sobretudo, que todos os interessados na utilização destes meios de comunicação se formem em consciência reta acerca de tal uso, em especial pelo que se refere a algumas questões acremente debatidas nos nossos dias.

---

são utilizados "para edificar e sustentar sistemas econômicos que promovem a aquisição e a avareza. O neoliberalismo é um bom exemplo: 'Apoiado numa concepção economista do homem', ele 'considera o lucro e as leis de mercado como parâmetros absolutos em prejuízo da dignidade e do respeito da pessoa e do povo' (Papa João Paulo II, *Ecclesia in America*, 56). Nestas circunstâncias os meios de comunicação, que devem beneficiar a todos, são explorados em vantagem de poucos" (14).

Continua o documento *Ética nas comunicações sociais*, onde podemos ver um desdobramento dos princípios contidos no *Inter Mirifica*, n. 4, quanto ao aspecto político. A comunicação social beneficia a sociedade facilitando a participação de cidadãos informados no processo político. Os meios de comunicação informam e aproximam as pessoas na busca de objetivos e metas comuns. Portanto, os meios de comunicação são indispensáveis nas sociedades democráticas de hoje. Porém, temos de considerar também que políticos inescrupulosos utilizam os meios para a demagogia e o engano em benefício de políticas injustas e de regimes opressivos. Neste caso, em vez de aproximar as pessoas, eles servem para separá-las, criando tensões e suspeitas que geram conflitos (8 e 15).

É fácil concluir que, no aspecto cultural, os meios de comunicação social promovem o desenvolvimento humano no que concerne à ciência, à sabedoria e à beleza, oferecendo às pessoas o acesso à literatura, ao teatro, à música e às artes, que diversamente não lhes seriam disponíveis. "Os *mass media* também fazem com que os grupos étnicos festejem e celebrem as tradições

A primeira questão refere-se à chamada informação, à obtenção e divulgação das notícias. É evidente que tal informação, em virtude do moderno progresso da sociedade humana e dos vínculos mais estreitos entre os seus membros, resulta muito útil e, na maioria das vezes, necessária, pois o intercâmbio público e pontual de notícias sobre acontecimentos e coisas facilita aos homens um conhecimento mais amplo e contínuo da atualidade, de modo que possam contribuir eficazmente para o bem comum e maior progresso de toda a sociedade humana. Existe, pois, no seio da sociedade humana, o direito à

---

culturais, compartilhando-as com os outros e transmitindo-as às novas gerações. Em particular, introduzem as crianças e os jovens na herança cultural que lhes é própria. Assim como os artistas, os comunicadores servem ao bem comum, preservando e enriquecendo a herança cultural das nações e dos povos" (cf. Papa João Paulo II, *Carta aos artistas,* 4).

Entretanto, o *Ética nas comunicações sociais* aponta, também, que, se os programas não devem ser "obrigatoriamente sombrios e inexpressivos, também não podem ser mesquinhos e humilhantes" (16). Importante a consideração que o documento faz no mesmo texto, sobretudo para os nossos dias: "Não é uma desculpa dizer que os *mass media* refletem os padrões populares, pois também esses influem vigorosamente os modelos populares, e assim têm o grave dever de os elevar, não de os degradar". Várias são as formas em que o problema pode se apresentar: por exemplo, em vez de explicar questões complexas de modo cuidadoso e verdadeiro, os noticiários evitam-nas ou as simplificam demasiadamente. Muitas vezes a comunicação flui numa só direção, levantando sérios problemas éticos – das nações desenvolvidas para os países em vias de desenvolvimento e nações pobres. Tantas vezes ocorre, em termos internacionais, a dominação cultural

informação sobre aquelas coisas que convêm aos homens, segundo as circunstâncias de cada qual, tanto particularmente como constituídos em sociedade. Sem embargo, o uso reto deste direito exige que a informação seja sempre objetivamente verdadeira e, salvas a justiça e a caridade, íntegra. Quanto ao modo, tem de ser, além disso, honesta e conveniente, isto é, que respeite as leis morais do homem, os seus legítimos direitos e dignidade, tanto na obtenção da notícia como na sua divulgação. Na verdade, nem toda a ciência aproveita, "mas a caridade é construtiva" (1Cor 8,1).

---

aprender. Pelo contrário, as sociedades podem e devem aprender umas das outras, pois a comunicação transcultural não pode ser em desvantagem dos menos poderosos.

Grande preocupação advém a respeito dos programas de entretenimento (16): "Os *mass media* voltados para o entretenimento apresentam programas de corrupção e desumanização, inclusive tratamentos exploradores da sexualidade e da violência. É enormemente irresponsável ignorar ou rejeitar o fato de que a pornografia e a violência sádica depreciam a sexualidade, pervertem as relações humanas, exploram os indivíduos — especialmente as mulheres e as crianças —, destroem o matrimônio e a vida familiar, inspiram atitudes antissociais e debilitam a fibra moral da sociedade" (Pontifício Conselho para as Comunicações Sociais, *Pornografia e violência nas comunicações sociais: uma resposta pastoral*, 10).

É oportuno, aqui, reportar-nos ao documento *Ética na internet* (2002) como desdobramento do n. 4 do *Inter Mirifica*, tendo em vista, porém, o contexto histórico e sociocultural da nossa sociedade contemporânea. A Igreja reconhece, no *Ética na internet* (1): "A mudança que se dá hoje nas comunicações implica, mais que uma simples revolução técnica, a transformação completa de tudo o que é necessário para compreender o mundo que

Arte e moral

6. Uma segunda questão se põe sobre as relações que medeiam entre os chamados direitos da arte e as normas da lei moral. Dado que, não raras vezes, as controvérsias que surgem sobre este tema têm a sua origem em falsas doutrinas sobre ética e estética, o Concílio proclama que a primazia da ordem moral objetiva há de ser aceite por todos, posto que é a única que supera e congruentemente ordena todas as demais ordens humanas, por dignas que

---

a envolve e para verificar e expressar a percepção dele. A apresentação constante das imagens e das ideias, assim como a sua transmissão rápida, até mesmo de um continente para outro, têm consequências simultaneamente positivas e negativas, no desenvolvimento psicológico, moral e social das pessoas, na estrutura e no funcionamento da sociedade, na partilha de uma cultura com outra, na percepção e na transmissão dos valores, nas ideias do mundo, nas ideologias e nas convicções religiosas". E, claro, hoje, diz o documento, não é preciso grande imaginação para "vislumbrar a terra como um globo interligado energicamente com as transmissões eletrônicas — um planeta em diálogo, aconchegado no silêncio providencial do espaço". Mas aí vem a questão ética, que "consiste em saber se isto está contribuindo para um desenvolvimento humano autêntico e a ajudar os indivíduos e os povos a corresponder à verdade do seu destino transcendente" (1).

A Igreja tem uma visão positiva dos meios de comunicação social e, portanto, da internet. Entramos aqui na cultura digital, presente a partir das últimas décadas do século XX e muito influente neste início de século XXI. Concordando com as novas tecnologias de comunicação, a Igreja insiste em afirmar que "em relação à mensagem comunicada, ao processo de comunicação e às questões de estrutura e de sistema no campo das comunicações,

sejam, sem excluir a arte. Na realidade, só a ordem moral abarca, em toda a sua natureza, o homem, criatura racional de Deus e chamado ao sobrenatural. Precisa ser seguida íntegra e fielmente, para que o ser humano se realize plenamente e alcance a beatitude.

Como lidar com o mal moral

7. Por outro lado, a narração, descrição e representação do mal moral pode, sem dúvida, com o auxílio dos meios de comunicação social, servir para conhecer e

o princípio ético fundamental é este: a pessoa e a comunidade humanas são a finalidade e a medida do uso dos meios de comunicação social; a comunicação deveria fazer-se de pessoa a pessoa, para o desenvolvimento integral delas" (3).

A maior contribuição do *Inter Mirifica*, em nossa opinião, foi sua assertiva sobre o *direito de informação*, no n. 5 do documento, quando diz "existe, pois, no seio da sociedade humana, o direito à informação sobre aquelas coisas que convêm aos homens, segundo as circunstâncias de cada qual, tanto particularmente como constituídos em sociedade". Algumas traduções chegam a ser mais explícitas: "É intrínseco à sociedade humana o direito à informação sobre aqueles assuntos que interessam aos homens e às mulheres, quer tomados individualmente, quer reunidos em sociedade, conforme as condições de cada um" (IM 5).

Considerado, provavelmente, como a mais importante declaração do documento, este trecho demonstra que o direito à informação foi visto pela Igreja não como um objeto de interesses comerciais, mas como um bem social. Dezessete anos depois do *Inter Mirifica*, o Relatório MacBride – *Many voices, one world: communication and society today and tomorrow* [Muitas vozes, um só mundo: comunicação e sociedade agora e no futuro] (Unesco, 1980) – iria além do "direito à informação" ao defender o "direito

descobrir melhor o homem e para fazer que melhor resplandeça e se exalte a verdade e o bem, mediante oportunos e aperfeiçoados efeitos dramáticos; todavia, para que não produzam maior dano que utilidade às almas, hão de acomodar-se plenamente às leis morais, sobretudo se se trata de coisas que merecem o máximo respeito ou que incitam mais facilmente o homem, marcado pela culpa original, a desejos depravados.

A opinião pública

8. Visto que a opinião pública exerce hoje um poderoso influxo em todas as ordens da vida social, pública e privada, é necessário que todos os membros da sociedade

à comunicação". "A comunicação, atualmente, é matéria de direitos humanos. Mas é interpretada cada vez mais como um direito à comunicação, indo além do direito de receber comunicação ou de ter acesso à informação" (MacBride, 172).

O primeiro capítulo do *Inter Mirifica* também aborda temas como a opinião pública, já considerada anteriormente pelo Papa Pio XII. E dirige-se ao público em geral, não apenas ao que está ativamente envolvido com os meios de comunicação, mas também ao receptor das mensagens. Lembrando que "a opinião pública goza hoje de um peso e de uma autoridade extraordinários em todos os setores da vida humana, tanto pública como privada" (8), o comentário de Baragli deixa claro que os padres conciliares não aceitavam a tese que defende a "opinião pública" como fato social homogêneo, compacto, despótico e responsável único dos fenômenos que se verificam na sociedade (p. 358). E, assim, o artigo 8, ao reconhecer que os meios de comunicação influenciam seus usuários, recomenda aos católicos que, com o recurso dos mesmos meios, se desenvolvam a formação e manifestação de uma reta opinião pública.

cumpram os seus deveres de justiça e de caridade também nesta matéria e, portanto, que também, com o auxílio destes meios, se procure formar e divulgar uma reta opinião pública.

Deveres dos receptores

9. Deveres peculiares competem a todos os destinatários da informação, leitores, espectadores e ouvintes que, por pessoal e livre escolha, recebem as informações difundidas por estes meios de comunicação.

Na realidade, uma reta escolha exige que aqueles fomentem tudo o que contribui para a virtude, para a ciência e para a arte e evitem, em contrapartida, tudo o que possa ser causa ou ocasião de dano espiritual para eles e para os outros, pelo mau exemplo que possam ocasionar-lhes, e o que favoreça as más produções e se oponha às boas,

---

9-12 – O conteúdo dos números 9-12 é uma "coleção" de deveres apontados pela Igreja, que encerra muitas e variadas recomendações; pois, é preciso lembrar que este documento é um decreto e que, como já mencionamos, passou por várias discussões e transformações, demonstrando também o "despreparo" da Igreja a respeito da comunicação e, portanto, o seu tom mais de vigilância e "moralismo", do que pastoral.

Servindo-se e ampliando explicitações já contidas na *Miranda Prorsus*, os padres conciliares se referem aos receptores (artigos 9 e 10), passam aos deveres dos promotores (11) e terminam a primeira parte do decreto com os deveres das autoridades públicas (12).

Quanto aos receptores (nn. 9-10), em síntese, os receptores devem informar-se a respeito dos juízos formulados sobre os programas dos meios de comunicação pela autoridade competente, por exemplo, pais, educadores, órgãos da Igreja, Estado, entre

o que sucede amiúde, contribuindo economicamente para empresas que somente atendem ao lucro com a utilização destes meios.

Assim, pois, para que os destinatários da informação cumpram a lei moral, devem cuidar de informar-se oportunamente sobre os juízos ou critérios das autoridades competentes nesta matéria e segui-los segundo as normas de uma reta consciência. Mas para que possam, com maior facilidade, opor-se aos maus atrativos e apoiar plenamente os bons, procurem ilustrar e dirigir a sua consciência com os recursos adequados.

Deveres dos jovens e de seus pais

10. Os destinatários, sobretudo os jovens, procurem acostumar-se a ser moderados e disciplinados no uso destes instrumentos; ponham, além disso, empenho em entenderem bem o que ouvem, leem e veem; dialoguem com educadores e peritos na matéria e aprendam a formar um

---

outros. Assim como segundo a sua própria consciência, retamente formada e fazer opções pessoais e livres em favor do que for o melhor. Se se fizer comparação, essas são concepções mais abertas e abrangentes que as ditadas por Pio XI e Pio XII, que praticamente obrigavam os fiéis a seguirem à risca as recomendações dos "competentes" órgãos eclesiásticos de análise de conteúdo dos espetáculos, segundo análise de Soares (p. 100).

Grande peso é colocado no artigo 11, sobre os "promotores" da comunicação ("jornalistas, escritores, autores, produtores, realizadores, exibidores, distribuidores, diretores e vendedores, críticos e, além destes, a todos quantos intervêm na realização e difusão das comunicações"), pois "todos eles, informando ou provocando, podem induzir a humanidade ao bem ou ao mal".

reto juízo. Recordem os pais que é seu dever vigiar cuidadosamente para que os espetáculos, as leituras e coisas parecidas que possam ofender a fé ou os bons costumes não entrem no lar e para que os seus filhos não os vejam noutra parte.

Deveres dos autores

11. Mas as principais exigências morais, quanto ao bom uso dos meios de comunicação social, recaem sobre os jornalistas, escritores, autores, produtores, realizadores, exibidores, distribuidores, diretores e vendedores, críticos e, além destes, a todos quantos intervêm na realização e difusão das comunicações. Na realidade, é de todo evidente a transcendência e gravidade da incumbência nas atuais circunstâncias humanas, já que podem encaminhar, reta ou torpemente, o gênero humano, informando e incitando.

Portanto, é sua missão tratar as questões econômicas, políticas ou artísticas de modo que não produzam prejuízo

---

O texto deixa a desejar (o que mais uma vez comprova a falta de "contexto social" da Igreja em relação à comunicação) quando atribui a todas as categorias mencionadas igual responsabilidade no processo comunicativo. Um forte reducionismo, que explica novamente o "não entendimento" sobre a comunicação por parte dos padres conciliares, no caso, sobre a complexidade do processo industrial, em suas vertentes local, nacional e transnacional, responsável no mundo moderno, pela circulação de bens simbólicos. Existe a primazia de deveres morais a serem cumpridos por todos e cada um dos profissionais aos quais "compete-lhes satisfazer às exigências econômicas, políticas e artísticas de modo a favorecer e nunca prejudicar o bem comum".

ao bem comum; para se conseguir isto mais acilmente, bom será que se associem profissionalmente – incluindo-se, se for necessário, o compromisso de observar, desde o começo, um código moral – àquelas entidades que imponham a seus membros o respeito às leis morais nas empresas e trabalhos da sua profissão.

Lembrem-se sempre de que a maior parte dos leitores e espectadores é composta de jovens necessitados de Imprensa e de espetáculos que lhes ofereçam exemplos de moralidade e os estimulem para sentimentos elevados.

Procurem, além disso, que as matérias concernentes à religião sejam feitas, com o devido respeito, por pessoas capazes e competentes.

Importante lembrar que no desenvolvimento pós-conciliar, seja em seus documentos, seja em suas atitudes, a Igreja fará um progresso em relação à aproximação e tratamento com os jornalistas e profissionais da mídia em geral. Encontramos, por exemplo, o carinho explícito de João Paulo II aos comunicadores em suas mensagens anuais por ocasião do Dia Mundial das Comunicações. Uma atitude que marcou a vida dos jornalistas, entre os quais esta autora, foi o gesto de João Paulo II, por ocasião do Jubileu dos Jornalistas, no ano 2000, na Sala Paulo VI. O recinto estava abarrotado de jornalistas. O Pontífice entrou, já bastante alquebrado, e fez um gesto de saudação (e brincadeira!) com sua bengala, ao que todos aplaudiram. Momento culminante foi, também, quando ele agradeceu publicamente o trabalho dos jornalistas, não somente dos que o acompanhavam nas viagens, mas todos em geral, inclusive às esposas e famílias dos jornalistas que, muitas vezes, tinham de privar-se de sua companhia porque se encontravam longe de casa, para trazer a informação para todos, um serviço à sociedade.

Deveres da autoridade civil

12. As autoridades civis têm peculiares deveres na matéria em razão do bem comum ao qual se ordenam estes instrumentos. Em virtude da sua autoridade e em função dela, compete-lhes defender e tutelar a verdadeira e justa liberdade de que a sociedade moderna necessita inteiramente para seu proveito, sobretudo no que se refere à imprensa. Por outro lado, à autoridade civil compete fomentar aquelas obras e empresas que, sendo especialmente úteis à juventude, não poderiam de outro modo ser tentadas.

Por último, a mesma autoridade pública que legitimamente se ocupa da saúde dos cidadãos está obrigada a procurar justa e zelosamente, mediante a oportuna

---

O artigo 12 do *Inter Mirifica* foi um dos mais polêmicos: analisa o dever da autoridade civil de defender e tutelar uma verdadeira e justa liberdade de informação. Este artigo, como mencionamos previamente, foi interpretado, especialmente por alguns jornalistas americanos, como sendo contra a liberdade de imprensa. Realmente, o *Inter Mirifica* justifica a intervenção oficial da autoridade, a fim de proteger a juventude contra "a imprensa e os espetáculos nocivos à sua idade" (IM, n. 12).

Por outro lado, o artigo 12 não é bem claro, mesmo em sua língua original (latim), pois fala da *civilis auctoritas* (autoridade civil) em um lugar, e, mais além, da *publica potestas* (poder público). O decreto usa ambos os termos com o mesmo sentido, mas a tradução, em diversas línguas, acabou por reduzi-los a "sociedade civil". No entanto, atribuir direitos e deveres à sociedade civil não é a mesma coisa que atribuí-los às autoridades públicas, aos governos. Fica patente, neste artigo 12, que a Igreja deveria ter feito mais pesquisas sobre o assunto e ter contado com a assessoria de

promulgação e diligente execução das leis, que não se cause dano aos costumes e ao progresso da sociedade através de um mau uso destes meios de comunicação. Essa cuidada diligência não restringe, de modo algum, a liberdade dos indivíduos ou das associações, sobretudo quando

peritos nessa área, mesmo católicos, de modo a oferecer soluções mais adequadas à proposta de *aggiornamento*.

Ainda neste contexto, explica Baragli (op. cit. pp. 393-394, nota 8), referindo-se à atitude de Mons. Deskur, que acompanhou de perto a redação e aprovação do decreto, Deskur atribuiu as recomendações à preocupação da Igreja com o desamparo em que se encontra "o mundo dos receptores" frente ao "mundo da informação e do espetáculo", transformado em feudo de alguns poucos, bem como à preocupação com a própria autoridade civil, cuja tendência oscila entre dois extremos perigosos: de um monopólio estatal e opressor da liberdade a um liberalismo que fecha os olhos aos mais graves abusos (é preciso lembrar que o decreto é um documento universal e, portanto, leva em conta também as nações com governos totalitários. Segundo Deskur, a Igreja propõe um quadro de razoável equilíbrio entre as forças e os interesses em campo, na esperança de prevenir dramas sociais mais graves.

Se considerarmos o caso do Brasil, podemos dizer que é lamentável o fato de nunca se lograr constituir um Conselho que se ocupe da interferência na mídia, em favor da sociedade. Não se trata de censura. Tentativas desta são veiculadas imediatamente pela própria mídia, inculcando no povo a ideia de "falta de liberdade de expressão". Na verdade, há muita confusão, e fatos recentes, a respeito da internet (compartilhamento de conteúdos), ilustram muito bem a falta não só de conhecimento, mas do que significa realmente liberdade de expressão. Esta não pode dar "direito" a alguém, depravando o outro. O abandono de princípios

faltam as devidas precauções por parte daqueles que, por motivo do seu ofício, manejam estes instrumentos.

Tenha-se um especial cuidado em proteger os jovens da imprensa e dos espetáculos que sejam perniciosos para a sua idade.

éticos ou disciplinas em Universidades, como também leis apropriadas neste sentido (e aplicadas a todos!), e, por outro lado a força da mídia com seus interesses prioritários na economia, levam a discussões e ações que se distanciam dos princípios de deontologia e ética, garantindo a todos o direito de se expressar, mas de respeitar o outro. Não obstante um debate complexo, a Igreja teria muito a evangelizar neste campo!

Trata-se de superar a ética individualista que a *Gaudium et Spes* aborda no n. 30. É uma exigência para a justa convivência humana e social, pois o descaso pelas leis sociais torna-se uma ofensa ao próximo e a Deus. E assim, no n. 31, no seu comentário chama a atenção para a responsabilidade e participação social como um aprendizado de toda a vida. Para isso faz-se necessário educar os jovens de qualquer origem social para que se formem homens e mulheres não apenas cultos, mas também de forte personalidade, exigências urgentes para a nossa sociedade contemporânea.

Capítulo II
Os meios de comunicação social e o apostolado

A ação dos pastores e dos fiéis

13. Procurem, de comum acordo, todos os filhos da Igreja que os instrumentos de comunicação social se utilizem, sem a menor dilação e com o máximo empenho, nas mais variadas formas de apostolado, tal como o exigem as realidades e as circunstâncias do nosso tempo, adiantando-se assim às más iniciativas, especialmente naquelas regiões em que o progresso moral e religioso reclama uma maior atenção.

Capítulo II – O ponto de partida do Capítulo II, sem acrescentar inovações em relação às recomendações de documentos romanos anteriores, volta-se para a ação pastoral, incentivando a todos os católicos que promovam (art. 14) e sustentem (art. 17) a boa imprensa, produzam e exibam excelentes filmes; deem eficaz ajuda à boa transmissão de rádio e televisão. Para alcançar tal objetivo, é preciso formar os autores, atores e críticos (art. 15), bem como os usuários (art. 16).

Quanto à questão da formação, é oportuno recordar que, a seu modo, segundo a pedagogia das diversas épocas, a Igreja tem sempre insistido na formação dos receptores e, mais adiante, dos comunicadores. Pode-se dizer que há uma progressiva insistência da Igreja desde a encíclica sobre o cinema *Vigilanti Cura* (Pio

Apressem-se, pois, os pastores sagrados a cumprir neste campo a sua missão, intimamente ligada ao seu dever ordinário de pregar.

Por seu lado, os leigos que fazem uso dos ditos instrumentos procurem dar testemunho de Cristo, realizando, em primeiro lugar, as suas próprias tarefas com perícia e espírito apostólico, e oferecendo, além disso, no que esteja ao seu alcance, mediante as possibilidades da técnica, da economia, da cultura e da arte, o seu apoio direto à ação pastoral da Igreja.

XI-1936). Ela tem se preocupado com o receptor – mesmo mediante o incentivo para que se criassem em todos os países órgãos nacionais que se ocupassem da "boa indicação" de filmes para os telespectadores. Assim também em 1957, a *Miranda Prorsus,* do Papa Pio XII, demonstra preocupação na formação do telespectador e incentiva a criação de organismos nacionais que se ocupem com a educação dos receptores.

É no decreto *Inter Mirifica* (1963) que a Igreja se torna mais explícita a respeito da formação, agora com uma diferença – a de que os sacerdotes e leigos não somente cuidem dos receptores, mas se preparem para o mundo da comunicação. E diz textualmente que "Tudo isso requer pessoal especializado no uso desses meios para o apostolado. É indispensável pensar em formar, desde cedo, sacerdotes, religiosos e leigos que desempenhem tais tarefas. É preciso começar por preparar os leigos do ponto de vista doutrinário, moral e técnico, multiplicando escolas, institutos e faculdades de comunicação" (n. 15).

A insistência da Igreja, em termos de documentos, sobre a formação para a comunicação cresce no incentivo e se torna sempre mais explícita, demonstrando a preocupação por uma ação pastoral sempre mais inculturada na evolução tecnológica da sociedade. Os ns. 107-8 da Instrução Pastoral *Communio et Progressio*

Iniciativas dos católicos

14. Há que fomentar, antes de mais, as publicações honestas. Ora, para imbuir plenamente de espírito cristão os leitores, deve criar-se e difundir-se uma imprensa genuinamente católica – quer por parte da própria hierarquia católica, quer promovida por homens católicos e dependente deles – editada com a intenção de formar, afirmar e promover uma opinião pública em consonância com o direito natural e com as doutrinas e preceitos católicos, ao mesmo tempo relacionados com a vida da Igreja.

(1971) explicitam a preocupação da Igreja e avançam em relação ao *Inter Mirifica*, na sua exposição: "A Igreja considera hoje como uma das tarefas mais importantes prover a que os leitores ou espectadores recebam uma formação segundo os princípios cristãos, o que também é um serviço à comunicação social. O 'receptor' bem formado será capaz de participar no diálogo promovido pelos meios de comunicação e saberá ser exigente quanto à informação. As escolas e organizações católicas não podem esquecer o dever que têm neste campo, especialmente o de ensinar aos jovens não só a comportar-se como verdadeiros cristãos, quando leitores, ouvintes ou espectadores, mas também a saber utilizar as possibilidades de expressão desta 'linguagem-total' que os meios de comunicação põem ao seu alcance. Sendo assim, os jovens serão verdadeiros cidadãos desta era das comunicações sociais, de que nós conhecemos apenas o início. Toda a problemática dos meios de comunicação deve estar presente nas diversas disciplinas teológicas e, dum modo especial, na moral, pastoral e catequética".

Mais incisivas, ainda, são as solicitações da Instrução Pastoral *Communio et Progressio* no n. 111: "Durante a sua formação, os futuros sacerdotes, religiosos e religiosas devem conhecer a incidência dos meios de comunicação na sociedade, bem como a

Devem advertir-se os fiéis da necessidade de ler e difundir a imprensa católica para conseguir um critério cristão sobre todos os acontecimentos.

Que a produção e exibição de filmes destinados ao descanso honesto do espírito, proveitosas para a cultura e arte humana, sobretudo aquelas que se destinam à juventude, sejam promovidas por todos os meios eficazes e asseguradas a todo o custo; isto consegue-se, sobretudo, apoiando e coordenando as realizações e as iniciativas honestas, tanto da produção como da distribuição, recomendando as películas que merecem elogio por juízo concorde e pelos prêmios dos críticos, fomentando e associando sua técnica e uso, para que não permaneçam alheios à realidade, e não cheguem desprevenidos ao ministério apostólico que lhes será entregue. Tal conhecimento faz parte integrante da sua formação; é condição sem a qual não é possível exercer um apostolado eficaz na sociedade de hoje, caracterizada, como está, pelos meios de comunicação".

E continua a *Communio et Progressio* (111): "por isso, é necessário que sacerdotes, religiosos e religiosas conheçam de que modo se geram opiniões e mentalidades na sociedade atual, e assim se adaptem às condições do mundo em que vivem, uma vez que é aos homens de hoje que a Palavra de Deus deve ser anunciada, e que precisamente os meios de comunicação podem prestar valioso auxílio. Os que revelam qualidades e gosto especial, recebam uma formação mais acurada neste campo".

Na história dos documentos e pronunciamentos do magistério sobre as comunicações sociais, uma significativa evolução de pensamento começa a tomar corpo. Mesmo no que diz respeito aos *new media*, a Igreja progride no esforço por compreender e expressar seu desejo de inculturar-se nos novos espaços dos processos comunicativos, a cultura midiática. Ela já não concebe mais

entre si as salas pertencentes a empresários católicos e a homens honrados.

Preste-se, também, apoio eficaz às emissões radiofônicas e televisivas honestas, antes de mais àquelas que sejam apropriadas para as famílias. E que se fomentem com todo o interesse as emissões católicas, mediante as quais os ouvintes e os espectadores sejam estimulados a participar na vida da Igreja e se compenetrem das verdades religiosas. Com toda a solicitude, devem promover-se, onde for oportuno, as estações católicas; há que cuidar, todavia, de que sobressaiam pela sua perfeição e por sua eficácia.

---

a comunicação de forma restrita ou simplesmente como "meios" ou "instrumentos" a serem usados ou dos quais se precaver. Agora, ela se esforça para prosseguir na mudança de mentalidade, tentando compreender, na prática (porque nos documentos ela já o fez), como modificar seus métodos pastorais para que tenham em conta que a comunicação vai além do "manipular" máquinas de comunicação. Trata-se de uma cultura. A cultura midiática.

É através de um documento, também mencionado anteriormente nesta obra, que vamos encontrar um novo enfoque de missão da Igreja no mundo atual, a encíclica *Redemptoris Missio* (1990), que ao se referir aos novos "areópagos" modernos como lugar de evangelização (missão) coloca o mundo da comunicação em primeiro lugar e insiste no novo contexto comunicativo como uma "nova cultura". Além de mencionar que talvez se tenha descuidado um pouco este areópago, deu-se preferência a outros instrumentos para o anúncio evangélico e para a formação, enquanto os *mass media* foram deixados à iniciativa de particulares ou de pequenos grupos, entrando apenas secundariamente na programação pastoral (RM 37c).

O documento sobre a missão da Igreja, a respeito da comunicação, afirma algo que *toca* o processo unilateral da comunicação,

Cuide-se, enfim, de que a nobre e antiga arte cênica, que hoje se propaga amplamente através dos instrumentos de comunicação social, trabalhe a favor do sentido humano e da ordenação dos costume dos espectadores.

A formação dos autores

15. Para prover às necessidades acima indicadas hão de formarem-se oportunamente sacerdotes, religiosos e também leigos, que possuam a devida perícia nestes instrumentos e possam dirigi-los para os fins do apostolado.

---

em vigor ainda hoje (o paradigma de Lasswell), incentivando a própria Igreja a entrar nos processos comunicativos atuais, quando diz "não é suficiente, portanto, usá-los para difundir a mensagem cristã e o Magistério da Igreja, mas é necessário integrar a mensagem nesta 'nova cultura', criada pelas modernas comunicações" (RM 37 c).

Tal referência do magistério eclesial é sinal de uma "mudança" na compreensão da relação entre Igreja e mídia: não mais desconfiança, nem simples lógica instrumental. A Igreja afirma o modo de comunicar de forma inculturada "na" e "pela" "cultura midiática". É uma expressão que carrega um novo conceito seja para o esforço e o estímulo em usar os mídia, como a disponibilizar cursos de formação para aprender a usar os *new media*. Trata-se, porém, de algo mais, um ir além: depois do período do "uso" (e do desprezo e rejeição por parte de alguns), chegou o momento de adquirir mais profundamente a cultura e a linguagem da mídia.

E a progressiva insistência da Igreja sobre a formação para a comunicação se faz sentir, mesmo que vinte e um ano depois, com o documento *Aetatis Novae* (1992), onde a Igreja "recupera" o discurso sobre a comunicação. São vários os pontos em que encontramos o convite para uma educação e aprimoramento

Em primeiro lugar, devem ser instruídos os leigos na arte, doutrina e costumes, multiplicando o número das escolas, faculdades e institutos, onde os jornalistas, cineastas, radialistas, comunicadores de televisão e demais interessados possam adquirir uma formação íntegra, penetrada de espírito cristão, sobretudo da doutrina social da Igreja. Também os atores cênicos hão de ser formados

em atualizar-nos e formarmo-nos em tal área. Diz a *Aetatis Novae* (25-26) que a educação para as questões das comunicações e da comunicação de massa abrangem todos os níveis do ministério pastoral. E sugere que se proponha um plano de comunicação que abra possibilidades de educação em matéria de comunicação como componentes essenciais da formação dos que estão empenhados na ação da Igreja, sejam eles seminaristas, sacerdotes, religiosos, religiosas ou animadores leigos, bem como encoraje as escolas e as universidades católicas a propor programas e cursos relacionados com as necessidades da Igreja e da sociedade em matéria de comunicação e proponha cursos, laboratórios e seminários de tecnologia, de gestão, de ética e de política da comunicação, destinados aos responsáveis da Igreja nesta matéria.

Surge pela primeira vez em um documento a preocupação ou a inclusão para uma formação espiritual e assistência pastoral. Pois a *Aetatis Novae* enfatiza que os profissionais católicos, leigos e outras pessoas que trabalham no apostolado eclesial da comunicação social ou nos *mass media* profanos, com frequência esperam da Igreja uma orientação espiritual e um apoio pastoral.

De 1992 em diante, no pleno desenvolvimento da era digital, a Igreja volta a insistir, no ano 2000, sobre a formação para a comunicação. Como num fio condutor, podemos, agora, observar no pensamento eclesial pontos importantes para uma pastoral da comunicação. É o documento *Ética nas comunicações sociais*, já

e ajudados para que sirvam convenientemente, com a sua arte, a sociedade humana. Por último, hão de preparar-se cuidadosamente críticos literários, cinematográficos, radiofônicos, da televisão e outros meios que dominem perfeitamente a sua profissão, preparados e estimulados para emitir juízos nos quais a razão moral apareça sempre na sua verdadeira luz.

---

mencionado neste trabalho a respeito da ética, que coloca a formação como algo indispensável, nos artigos 26 e 27: "O primeiro dever dos receptores da comunicação social consiste em discernir e selecionar. Eles hão de informar-se acerca dos *mass media* — das suas estruturas, dos modos de operar, dos seus conteúdos — e fazer opções responsáveis, de acordo com critérios eticamente sólidos, sobre o que ler, assistir ou escutar. Hoje, todos precisam de algumas formas de educação midiática permanente, mediante o estudo pessoal ou a participação num programa organizado, ou ambos".

Através das suas escolas e programas de formação, a Igreja deve oferecer uma educação mediática deste gênero (cf. *Aetatis Novae*, 28; *Communio et Progressio*, 107). [Os *mass media*], de fato, propõem, e muitas vezes impõem, uma mentalidade e um modelo de vida em constante contraste com o Evangelho. A este respeito, de muitas partes pede-se uma aprofundada formação para a recepção e para o uso crítico e fecundo de tais meios (Congregação para os Institutos de Vida Consagrada e as Sociedades de Vida Apostólica. *A vida fraterna em comunidade*, 34).

O ano 2002 foi a época em que a Igreja nos brindou com dois excelentes documentos: *Igreja e internet* e *Ética na internet*. Com um estilo fluido e colocando-se em uma atitude de quem dialoga com o mundo da comunicação, aliás, coloca-se como aprendiz (atitude excelente de diálogo com a sociedade!), embora ela reconheça os benefícios e os riscos que a internet possa trazer. O

A formação dos receptores

16. Tendo-se na devida conta que o uso dos instrumentos de comunicação social, que se dirigem a pessoas diferentes na idade e na cultura, requer nestas pessoas uma formação e uma experiência adequadas e apropriadas, devem favorecer-se, multiplicar-se e encaminhar-se, segundo os princípios dos costumes cristãos, as iniciativas que sejam aptas para conseguir este fim (sobretudo se se destinam aos jovens) nas escolas católicas de qualquer grau, nos seminários e nas associações apostólicas

---

importante é constatar como a Igreja, nestes documentos, não impõe, mas propõe reflexões, deixando e respeitando a escolha do usuário da internet. Com sua solicitude, entretanto, faz recomendações, segundo critérios cristãos, e afirma: "A comunicação é mais do que um simples exercício na técnica" (7). Segundo o documento, a educação e a formação constituem uma grande área de oportunidade e de necessidade e de formação da consciência.

Recuperando as ideias fundamentais de documentos anteriores, especialmente *Communio et Progressio* e *Aetatis Novae*, o documento continua o pensamento do Magistério, em outras palavras, a preocupação já evidenciada no *Inter Mirifica*, quanto à formação para a comunicação. E volta a dizer que "a educação e o treinamento devem constituir uma parte dos programas compreensivos de formação a respeito dos meios de comunicação, disponíveis para os membros da Igreja. Na medida do possível, os programas pastorais para as comunicações sociais deveriam prever esta preparação no contexto da formação dos seminaristas, sacerdotes, religiosos e pessoal leigo comprometido na pastoral, assim como dos professores, dos pais e dos estudantes" (n. 7).

Na riqueza de reflexões oferecidas pela Igreja, no documento *Igreja e internet* há um encorajamento a vários grupos, de modo

seculares. Para que se obtenha isto com maior rapidez, a exposição e explicação da doutrina e disciplina católicas nesta matéria devem ensinar-se no catecismo.

Meios e subsídios

17. Como resulta pouco digno para os filhos da Igreja suportar insensivelmente que a doutrina da salvação seja obstruída e impedida por motivos técnicos ou por gastos, certamente volumosos, que são próprios destes meios, este santo Concílio admoesta sobre a obrigação de sustentar e auxiliar os diários católicos, as revistas e iniciativas cinematográficas, as estações e transmissões radiofônicas e televisadas, cujo fim principal é divulgar e defender a verdade, e prover à formação cristã da sociedade humana. Igualmente convida insistentemente as associações e os particulares, que gozam de uma grande autoridade nas questões econômicas e técnicas, a sustentar com largueza

---

particular aos líderes da Igreja, ao pessoal comprometido no campo da pastoral, aos educadores, aos pais e especialmente aos jovens. O *Igreja e a internet* é enfático ao afirmar que "as pessoas que ocupam lugares de liderança, em todos os sectores da Igreja, precisam de compreender os *mass media*, de aplicar esta compreensão na elaboração de planos pastorais para as comunicações sociais, juntamente com políticas e programas concretos nesta área, e de fazer um uso apropriado dos *mass media*. Onde for necessário, eles mesmos deveriam receber uma formação no campo das comunicações" (11).

De modo especial, o incentivo da Igreja, neste contexto, se faz sentir especialmente ao pessoal comprometido no campo da pastoral. Os sacerdotes, diáconos, religiosos e operadores leigos no campo da pastoral deveriam ser formados no campo da

e de bom grado, com seus bens econômicos e a sua perícia, estes instrumentos, enquanto servem o apostolado e a verdadeira cultura.

Dia anual [das Comunicações]

18. Para que se revigore o apostolado da Igreja em relação com os meios de comunicação social, deve celebrar-se em cada ano em todas as dioceses do mundo, sob parecer do Bispo, um dia em que os fiéis sejam doutrinados a respeito das suas obrigações nesta matéria, convidados a orar por esta causa e a dar uma esmola para este fim, a qual será destinada a sustentar e a fomentar, segundo as

---

comunicação e, hoje, sem dúvida, na cultura digital, com toda a sua potencialidade e riscos que ela traz consigo. Na riqueza dos conteúdos e na visão global da missionariedade no campo da comunicação, a palavra de incentivo da Igreja vai também para os educadores, catequistas, pais, estudantes, bem como ao investigadores em disciplinas relevantes nos institutos católicos de ensino superior (*Igreja e internet*, n. 11)

O n. 18 do *Inter Mirifica* incentiva a criação de um *Dia Mundial das Comunicações* para a instrução do povo no que tange à reflexão, discussão, oração e deveres em relação às questões de comunicação. É sempre importante mencionar a origem e trajetória do Dia Mundial das Comunicações, celebrado no domingo da Ascensão, a fim de que se crie uma cultura sobre a profundidade de um "mandato" da Igreja, que passa despercebido, inclusive, por vários setores da Instituição.

Trata-se de algo solicitado pelo Concílio Vaticano II, no *Inter Mirifica*, n. 18, quando a Igreja, levando em consideração as profundas transformações da sociedade e avanços na área tecnológica em todos os setores, percebeu, também, o seu "despreparo" neste campo. Assim, ela entendeu que, a respeito da

necessidades do orbe católico, as instituições e iniciativas promovidas pela Igreja nesta matéria.

Um secretariado especializado

19. Para exercitar a suprema cura pastoral sobre os instrumentos de comunicação social, o Sumo Pontífice tem à sua disposição um peculiar organismo da Santa Sé.

comunicação, não bastava apenas a profissionalização e competência técnica no uso dos meios, mas o compreender a evolução da comunicação, na suas mais diferentes expressões, como linguagem, cultura e, sobretudo, como elemento articulador da sociedade.

Justamente para reforçar o variado apostolado da Igreja por intermédio dos meios de comunicação social, diz o *Inter Mirifica* (18): "celebre-se anualmente, nas dioceses do mundo inteiro, um dia dedicado a ensinar aos fiéis seus deveres no que diz respeito aos meios de comunicação, a se orar pela causa e a recolher fundos para as iniciativas da Igreja nesse setor, segundo as necessidades do mundo católico".

Portanto, com a finalidade de levar adiante a atenção-ação nesse importante setor da comunicação, e lembrando o "mandato" do Vaticano II (n. 19) o Papa Paulo VI cria, em 1964, através do documento *In fructibus multis*, a Pontifícia Comissão para as Comunicações Sociais, com a finalidade de coordenar e estimular a realização das propostas dos Padres Conciliares. A fim de colocar em prática as recomendações já mencionadas, a Pontifícia Comissão, após receber o parecer de presidentes de Comissões Episcopais, em 1964 e 1965, sobre como aplicar o que foi estabelecido no n. 18 do *Inter Mirifica*, criou o Dia Mundial das Comunicações Sociais (em 1966), com a aprovação do Sumo Pontífice. E no dia 7 de maio de 1967 celebrou-se *pela primeira vez*, no mundo inteiro, o dia Mundial das Comunicações Sociais (celebrado sempre no

Os Padres do Concílio, fazendo seu o voto do Secretariado para a Imprensa e para a Orientação dos Espetáculos, reverentemente pedem ao Sumo Pontífice que estenda as obrigações e competências deste organismo a todos os instrumentos de comunicação social sem excluir a imprensa, associando a ele especialistas das diferentes nações, entre os quais também leigos.

A competência dos bispos

20. Será competência dos Bispos, nas suas próprias dioceses, vigiar estas obras e iniciativas e promovê-las e, enquanto tocam ao apostolado público, ordená-las, sem excluir aquelas que se encontram submetidas à direção dos religiosos isentos.

Secretariados nacionais

21. Todavia, como a eficácia do apostolado em toda a nação requer unidade de propósitos e de esforços, este Santo Concílio estabelece e manda que em toda a parte se constituam e se apoiem, por todos os meios, secretariados nacionais para os problemas da imprensa, do cinema, da rádio e da televisão. A missão destes secretariados será velar para que a consciência dos fiéis se forme retamente sobre o uso destes instrumentos e estimular e organizar tudo o que os católicos realizam neste campo.

---

domingo da Ascensão). Fica, então, esclarecido que o "mandato" para celebrar anualmente um dia dedicado às Comunicações Sociais (com seus objetivos), já mencionados anteriormente, é do Concílio Vaticano II (*Inter Mirifica*, n. 18), mas a criação do Dia Mundial aconteceu em 1966 e a sua primeira celebração deu-se em 1967.

Em cada nação, a direção destes secretariados há de confiar-se a uma comissão especial do Episcopado ou a um Bispo delegado. Nestes secretariados, hão de participar também seculares que conheçam a doutrina da Igreja sobre estas atividades.

Uma associação internacional

22. Posto que a eficácia de tais instrumentos ultrapassa os limites das nações, e é como se convertesse cada homem em cidadão da Humanidade, coordenem-se as iniciativas deste gênero, tanto no plano nacional como no internacional.

Aqueles secretariados, de que se fala no número 21, hão de trabalhar denodadamente em união com a sua correspondente associação católica internacional. Estas associações católicas internacionais só são legitimamente aprovadas pela Santa Sé e dela dependem.

O *Inter Mirifica* volta-se, também, nos artigos 19-21, para a ação pastoral da Igreja em relação à comunicação e, na concepção da época, aos instrumentos de comunicação social. Tanto o clero quanto o laicato foram convidados a empregar os instrumentos de comunicação no trabalho pastoral. Enumeram-se então diretrizes gerais, referentes à educação católica, à imprensa católica e à *criação de secretariados diocesanos*, nacionais e internacionais, de comunicação social ligados à Igreja (22).

Conclusão

Diretório Pastoral

23. Para que todos os princípios deste Santo Sínodo e as normas acerca dos meios de comunicação social se levem a efeito, por expresso mandato do Concílio, prepare-se uma instrução pastoral pelo organismo da Santa Sé de que se fala no número 19 com a ajuda de peritos de diferentes nações.

Conclusão – O documento encerra com uma determinação que estabelece a elaboração de uma nova orientação pastoral sobre comunicação, "com a colaboração de peritos de várias nações", sob a coordenação de um secretariado especial da Santa Sé para a comunicação social (IM 23). Criou-se, assim, por Paulo VI, em 1964, uma Comissão mundial, que, de Secretariado, passou a chamar-se *Pontifício Conselho para as Comunicações Sociais* (que é permanente no Vaticano) e já mencionado nesta conjuntura. Nasceu assim a Instrução Pastoral *Communio et Progressio* (8 anos depois), em 1971.

Importante notar que nos anos que mediaram *Inter Mirifica* e *Communio et Progressio*, Soares aponta em sua tese de doutorado que o decreto conciliar foi objeto de severas críticas, tendo sido usadas contra o texto oficial expressões como "clericalista", "inócuo", "inútil", "medíocre", "moralista", "natimorto", entre outras. Lamentou-se em mais de uma ocasião a completa ausência de leigos e especialistas em comunicação nas reuniões das comissões preparatórias. Foi permitida apenas a presença de cardeais, bispos e eclesiásticos insignes. O próprio Baragli reconheceu a escassa formação

Exortação final

24. Além do mais, este Sínodo confia em que estas instruções e normas serão livremente aceites e santamente observadas por todos os filhos da Igreja, os quais por esta razão, ao utilizarem tais meios, longe de padecer dano, como sal e como luz darão sabor à terra e iluminarão o mundo. O Concílio convida, além disso, todos os homens de boa vontade, especialmente aqueles que governam

---

dos eclesiásticos no campo da comunicação ou sua formação apenas setorial (BARAGLI, Enrico. L´Inter Mirifica. Roma: Studio Romano della Comunicazione Sociale, 1969. pp. 195-196), enquanto outras comissões do Concílio chegavam a convocar especialistas, mesmo fora do catolicismo, para auxiliá-las. Assim, a comissão que preparou o esquema nunca ouviu ninguém que não fosse padre ou bispo (SOARES, Ismar de Oliveira. Do Santo Ofício à Libertação. São Paulo: Edições Paulinas, 1988. p. 104).

Entretanto, apesar da brevidade do documento conciliar, é preciso e justo ressaltar alguns avanços:

- Primeiramente, trata-se de um documento do Concílio Vaticano II. Assim, na consideração de Soares, podemos dizer que o tema da comunicação ganhou cidadania e independência na Igreja. O fato tem relevância e passa a ser importante, levando-se em consideração que os padres presentes ao Concílio estavam (por questão de formação ou de prática pastoral) preocupados com outros temas, julgados controvertidos ou essenciais ao *aggiornamento* desejado por João XXIII. A prática hodierna demonstra que, infelizmente, persiste tal atitude em muitas situações, ao ponto de João Paulo II dizer na *Redemptoris Missio* (37c) que o tema comunicação é considerado apenas secundariamente no planejamento pastoral. Entretanto, o *Inter Mirifica* pode ser

estes instrumentos, a que se esforcem por os utilizar a bem da sociedade humana, cuja sorte depende cada dia mais do uso reto daqueles. Assim, pois, como nos monumentos artísticos da antiguidade, também agora, nos novos inventos, deve ser glorificado o nome do Senhor,

considerado um divisor de águas no universo dos discursos da Igreja sobre o tema comunicação.

- A Igreja reconheceu o direito à informação, no artigo 5.
- Houve o reconhecimento também do dever de todos contribuírem para a formação das retas opiniões públicas, no artigo 8.
- Diante do conteúdo duvidoso, deu preferência à escolha livre e pessoal, em vez da censura proibitiva, no artigo 9.
- Incluiu na prática pastoral o dever da formação pessoal do receptor (art. 9), com a consequente indicação das formas para consegui-la (art. 16). Tal recomendação abriu caminho para a ênfase de documentos posteriores sobre a comunicação incentivarem a necessidade de formação para a comunicação, ultrapassando o reducionismo do uso dos meios, isto é, levando em consideração a cultura, o diálogo entre a fé e a cultura, com novos paradigmas, novos processos comunicativos na sociedade contemporânea. E sobre isto, os documentos são claros, mas a prática se encontra bastante defasada. Conclui-se a falta de conhecimento, estudo e reflexão sobre os documentos da Igreja no que tange à comunicação.
- Elevou os meios da categoria de subsídios acessórios ao lugar privilegiado de meios indispensáveis ao magistério ordinário e ao serviço da evangelização (artigos 13, 14 e 17).
- A formação da reta consciência, incluída no artigo 9, substituiu a cega obediência exigida nos documentos do passado.

segundo o que diz o Apóstolo: "Jesus Cristo, ontem e hoje e Ele mesmo por todos os séculos dos séculos" (Hb 13,8).

Promulgação

Todas e cada uma das coisas, que neste Decreto se declararam, agradaram aos Padres do Sagrado Concílio. E Nós, pela autoridade apostólica que Cristo no outorgou, juntamente com os veneráveis Padres, as aprovamos no Espírito Santo, as decretamos e estabelecemos, e para glória de Deus mandamos promulgar o que o Concílio estabeleceu.

Roma, junto de São Pedro,
4 de dezembro de 1963.

Eu, Paulo, Bispo da Igreja Católica
(Seguem-se as assinaturas dos Padres Conciliares)

- O incentivo para estabelecer um Dia anual para o estudo, a reflexão, análise, ação e oração no que concerne à comunicação (artigo 18). É a primeira vez que um Concílio atua dessa forma. E o Papa Paulo VI foi o primeiro a colocar em prática tal incentivo, iniciando por escrever a mensagem para o dia mundial das comunicações. Iniciativa que foi continuada por João Paulo II e, atualmente, por Bento XVI, demonstrando, através de seus conteúdos, uma grande atualização do Magistério no mundo das comunicações e qual deveria ser o comportamento cristão.
- O pedido para que se criasse um secretariado na santa sé, especializado na questão da comunicação, pode ser, também, considerado "avanço", pois é de grande auxílio para o desenvolvimento do entender da Igreja sobre a comunicação, especialmente nestes últimos tempos, a cultura digital.

Bibliografia consultada

BARAGLI, Enrico. *L'Inter Mirifica*. Roma: Studio Romano della Comunicazione Sociale, 1969.

____. *Comunicazione, Comunione e Chiesa*. Roma: Studio Romano della Comunicazione Sociale, 1973.

BOMBONATTO, Vera I.; LOPES GONÇALVES, Paulo S. (orgs.) *Concílio Vaticano II*; análise e prospectivas. São Paulo: Paulinas, 2004.

DECRETO CONCILIAR *Inter Mirifica*; sobre os meios de comunicação social. In: http://www.vatican.va. Acessado em 14 dez. 2011.

DALE, Frei Romeu. *Igreja e Comunicação Social*. São Paulo: Edições Paulinas, 1973.

DARIVA, Noemi (org.). *Comunicação Social na Igreja*; documentos fundamentais. São Paulo: Paulinas, 2003.

DELLA CAVA, Ralph; MONTEIRO, Paula. ...*E o verbo se faz imagem*; Igreja Católica e os meios de comunicação no Brasil: 1962-1989. Petrópolis: Vozes, 1991.

DOCUMENTO DE APARECIDA. São Paulo: Paulinas, 2007.

ESTUDOS DA CNBB – n. 101. *A comunicação na vida e missão da Igreja no Brasil*. Brasília/São Paulo: CNBB/Paulus, 2011.

MARQUES DE MELO, José. Igreja e Comunicação. In: SOARES, Ismar O.; PUNTEL, Joana T. (orgs.). *Comunicação, Igreja e Estado na América Latina*. São Paulo: UCBC-Paulinas, 1985.

PUNTEL, Joana T. *A Igreja e a democratização da comunicação na América Latina*. São Paulo: Paulinas, 1994.

____. *Comunicação*; diálogo dos saberes na cultura midiática. 2. ed. São Paulo: Paulinas, 2011.

SOARES, Ismar de Oliveira. *Do Santo Ofício à Libertação*. São Paulo: Paulinas, 1988.

SPOLETINI, Benito. *A missão num mundo em mudança*. São Paulo: Paulinas, 1983.

Impresso na gráfica da
Pia Sociedade Filhas de São Paulo
Via Raposo Tavares, km 19,145
05577-300 - São Paulo, SP - Brasil - 2012